Veil

L'AMANT BOURRU,

COMÉDIE.

L'AMANT BOURRU,

COMÉDIE

EN TROIS ACTES ET EN VERS LIBRES;

REPRÉSENTÉE par les Comédiens François Ordinaires du Roi, le Mercredi 14 Août 1777.

DÉDIÉE A LA REINE.

PAR M. DE MONVEL.

Le prix est de 30 sols.

A PARIS,

Chez la Veuve DUCHESNE, Libraire, rue Saint-Jacques, au Temple du Goût.

M. DCC. LXXVII.

AVEC APPROBATION ET PERMISSION.

A LA REINE.

MADAME,

Je dois l'accueil favorable que VOTRE MAJESTÉ a daigné faire à cet Ouvrage, plutôt sans doute aux difficultés de l'entreprise qu'au mérite de l'exécution. Protectrice déclarée des Beaux-Arts, Vous les faites éclorre, Vous encouragez ceux qui les cultivent; l'espoir d'amuser vos loisirs est l'ame de leurs travaux, & le bonheur d'y avoir réussi, en est la récompense.

Je suis avec respect,

DE VOTRE MAJESTÉ,

Le très-humble & très-obéissant Serviteur & fidèle Sujet,
BOUTET DE MONVEL.

L'AMANT BOURRU,

COMÉDIE.

PERSONNAGES.	ACTEURS.
LA COMTESSE de Sancerre, jeune Veuve.	*Mlle Doligni.*
LA MARQUISE de Martigue, ſon Amie.	*Mme Bellecourt.*
CHARLES DE MORINZER.	*M. Molé.*
Le Marquis de MONTALAIS, Amant de la Comteſſe.	*M. de Monvel.*
Le Comte de PIENNE, Amant de la Marquiſe.	*M. de la Rive.*
SAINT-GERMAIN, Domeſtique de la Comteſſe.	*M. Préville.*
Un LAQUAIS.	*M. Marchand.*
Pluſieurs DOMESTIQUES.	

La Scène eſt à Paris dans la Maiſon de la Comteſſe.

L'AMANT

L'AMANT BOURRU,

COMÉDIE.

Le Théâtre représente le Salon de Compagnie de la Comtesse de Sancerre, où l'on voit plusieurs fauteuils, au fond est la porte de son cabinet, & à droite celle par où l'on entre de dehors.

ACTE PREMIER.

SCENE PREMIERE.

MORINZER, SAINT-GERMAIN & plusieurs DOMESTIQUES, *avec lesquels Morinzer se débat en entrant, & qui veulent s'opposer à son passage.*

MORINZER.

MORBLEU, je veux la voir.....

SAINT-GERMAIN.

Mais, Monsieur, sur mon âme.....

MORINZER.

Et pourquoi m'empêcher ?.....

SAINT-GERMAIN.

Vous demandez Madame ?

MORINZER.

Oui, Madame... Eh bien ?... Quoi ?... Vous êtes étourdis !...

SAINT-GERMAIN.

Mais elle n'est point au logis.

MORINZER.

Elle y doit être..... Oui.

SAINT-GERMAIN.

Non, Monsieur.

MORINZER.

Bagatelle !

Il faut qu'en ce moment Madame soit chez elle ;
Et je prétens entrer..... J'entrerai, je vous dis.

SAINT-GERMAIN, *aux autres Domestiques*

Cet homme a perdu la cervelle.

MORINZER.

Comment ? Quoi, maraut ? Que dis-tu ?
Tu me crois fou, si j'ai bien entendu !
Écoutes, mon ami, vas m'annoncer, te dis-je.....
Non, non, le plus court est d'entrer.
Je vais.....

SAINT-GERMAIN, *aux Domestiques.*

Il a quelque vertige !

MORINZER.

Oh, la maudite femme !

SAINT-GERMAIN.

Il faut nous retirer ;
Il devient furieux.

MORINZER.

Si je n'en perds la tête !....
Entrons.

SAINT-GERMAIN, *s'opposant à son passage.*

Encor un coup, vous ne la verrez pas :
Le Suisse vous l'a dit en bas ;
Et le plus humblement, Monsieur, je le répète :
Madame la Comtesse est sortie.

MORINZER.

En ce cas....
Mais, non..... je veux la voir... Mon ami, je t'en prie ;
Si tu savois tout mon malheur.....

(*Il leur donne de l'argent à pleines mains.*)

Prenez cela, je vous supplie.....
Allons, rassurez-vous..... Ayez moins de frayeur:
Je ne vous en veux point du tourment qui m'accable ;
Mais mon égarement va jusqu'à la fureur :
C'est un vrai guet-à-pens, c'est un tour détestable:
Car je venois exprès..... Oui, c'étoit mon dessein ;
Je venois pour la voir.

SAINT-GERMAIN, *à part,*

D'honneur, il extravague.

MORINZER.

C'est avoir un esprit, un cœur bien inhumain !

Car enfin, je vous dis..... Mon style n'est pas vague :
Que diable! Je m'explique..... Elle n'est pas ici;
Je ne puis point la voir..... Mais a-t-elle un ami,
Homme ou femme, il n'importe, à qui je me présente,
A qui je dise au moins pourquoi je suis venu?
Suis-je dans un pays perdu?
Ne pourrai-je parler à quelque âme vivante?

SAINT-GERMAIN.

Madame de Martigue est là-dedans.

MORINZER.

Eh bien?
Avec elle ne puis-je avoir un entretien?
Madame de Martigue, une autre..... Il ne m'importe.
Dites-lui donc que je suis à la porte,
Et que je veux parler à quelqu'un.

SAINT-GERMAIN.

Oh, j'y vais.
(*Il sort avec les autres Domestiques.*)

SCENE II.

MORINZER, *seul.*

Le Démon a formé ce minois tout exprès
Pour le malheur, le tourment de ma vie.
Ventrebleu! Qu'est-ce donc qu'une femme jolie?
Oh! je n'en reviens pas, je suis ensorcelé.
Quel cœur à son aspect ne seroit point troublé?

Ses deux yeux grands & noirs, ce fripon de visage,
Le pied, la main, les cheveux, le corsage;
(*En se frappant le front.*)
Tout est là, tout: mais gardons mes secrets.
Ne devons point sa main à la crainte importune
D'être réduite à l'infortune.
Je flétrirois son âme, & je m'avilirois :
Commençons par lui plaire, & nommons-nous après.

SCENE III.

M. DE PIENNE, LA MARQUISE, SAINT-GERMAIN, MORINZER.

SAINT-GERMAIN.

MADAME, le voilà... C'est Monsieur qui demande...
(*Il sort.*)

SCENE IV.

M. DE PIENNE, LA MARQUISE, MORINZER.

MORINZER.

OUI, Madame, c'est moi qui...

LA MARQUISE, *sans le regarder, ni l'écouter, & parlant à M. de Pienne avec vivacité.*

Je vous parle net.

M. DE PIENNE.

Quel crime ?...

LA MARQUISE.

Pénétrer jusqu'à mon cabinet !
Monsieur, l'impudence est trop grande.

MORINZER.

Madame, je venois....

M. DE PIENNE.

Croyois-je vous troubler ?

LA MARQUISE.

Quand il me plaît de ne vous point parler,
J'ai des raisons pour être seule.

MORINZER, *commençant à s'impatienter.*

Pourrai-je ?...

LA MARQUISE.

Est-il besoin de vous les révéler ?

MORINZER, *avec humeur.*

Madame !

M. DE PIENNE, *montrant Morinzer.*

En vérité....

LA MARQUISE, *à M. de Pienne.*

Plaît-il ?

MORINZER, *à part.*

Oh ! la Bégueule !

(*Durement & la tirant par le bras.*)
Madame, au nom de Dieu, tournez-vous un moment
De mon côté.

LA MARQUISE.

Monsieur, que puis-je faire ?

Mais ſur-tout parlez promptement.
Quel eſt Monſieur ?

MORINZER.

Mon nom ne fait rien à l'affaire.
J'étois tout-à-l'heure agité
D'un trouble bien involontaire,
Mais à préſent, puiſqu'il ne faut rien taire,
Je ſuis fort impatienté,
Fort étonné, fort en colère,
De votre ton de folle & de l'air éventé....

M. DE PIENNE, *vivement.*

Monſieur!...

LA MARQUISE, *ſur le même ton.*

Quoi! m'inſulter?...

(*Elle s'arrête & regarde Morinzer, comme quelqu'un qu'on cherche à reconnoître.*)

Mais que je me rappelle....
Eh, oui; je l'ai vu quelque part.
Oh! c'eſt mon homme.... Oui, ſa figure eſt telle:
Voilà ſes yeux ardens & ſon maintien hagard.
(*Elle part d'un grand éclat de rire.*)
C'eſt lui!

MORINZER.

Morbleu, Madame; eſt-ce plaiſanterie?
Parlez-vous ſérieuſement?

LA MARQUISE, *riant à gorge déployée.*

Je n'en reviendrai de ma vie....
Oui, c'eſt mon homme aſſûrément!

MORINZER.

Mais je ne croyois pas mon abord ſi plaiſant.

M. DE PIENNE.

Qu'avez-vous donc ? Qui peut vous faire rire ?

LA MARQUISE, *riant si fort qu'elle peut à peine parler.*

Attendez, je vais vous le dire.

MORINZER.

O ma raison, j'ai grand besoin de toi !
(*A la Marquise.*)
Riez.... Allons, riez, puisqu'il faut que j'attende
Que votre accès vous passe.

M. DE PIENNE.

En effet ; & pourquoi ?...

LA MARQUISE, *d'une voix coupée par les éclats de rire.*

Monsieur, vous souvient-il ?... Chez certaine Marchande ?..

MORINZER, *la fixant & s'écriant :*

Plait-il ? ah, la voilà !.. C'est elle... Oui, ventrebleu,
Voilà la maligne femelle
Dont les ris indiscrets... Adieu, Madame, adieu.

LA MARQUISE.

Ah ! souffrez que je vous rappelle.
Pouvons-nous nous quitter, Monsieur, comme cela ?
De vieux amis !

MORINZER.

Moi, l'ami d'une folle !

LA MARQUISE.

Et c'est précisément par là
Que vous devez m'aimer, croyez-en ma parole.

MORINZER.

Non, je choisis mieux mes amis :
D'ailleurs, j'ai contre vous vos sarcasmes, vos ris.
Ah ! je vous remets bien ! ... C'est vous... Adieu, Madame ;
Ce n'étoit pas vous, sur mon âme,
Que je venois chercher ici.
Je venois voir Madame de Sancerre ;
Je n'ai point oublié ce minois si joli,
Qui doit peindre son caractère,
Si la bonté du cœur donne aux traits un air doux.
Je reviendrai lui faire ma visite.
Pour vous, Madame, adieu ; serviteur, je vous quitte ;
Je n'ai jamais aimé les fous.

(*Il sort.*)

SCENE V.

M. DE PIENNE, LA MARQUISE.

LA MARQUISE.

MAIS il s'en va, je crois... L'aventure est unique !
C'est bien le coup le plus heureux.

M. DE PIENNE.

Il n'est rien moins que politique
Ce Monsieur là. Sans détour il s'explique.
Vous vous connoissez bien tous deux.

LA MARQUISE, *éclatant de rire.*

Le personnage !... Ah ! souffrez que je rie.....

Je croyois ne plus le revoir,
Et j'en étois au désespoir;
Je crois d'honneur qu'il m'égale en folie.

M. DE PIENNE.

Je ne suis plus surpris de ce transport joyeux,
Et cet aveu change la thèse.
Mais où s'est offert à vos yeux ?...

LA MARQUISE.

Puisqu'il faut contenter votre esprit curieux,
Vous étiez en campagne, & nous, par parenthèse,
Seules dans cet Hôtel, bâillant tout à notre aise,
Après avoir écrit, travaillé, lu, jasé;
Après avoir tout épuisé....
« Que faisons-nous ici, Madame de Sancerre ?
» Sortons, lui dis-je; allons. » Mon projet accepté,
Nous partons, sans avoir de plan prémédité,
Ni la moindre visite à faire.

M. DE PIENNE.

Ah! je reconnois bien mes gens.

LA MARQUISE.

Le Boulevard m'ennuie, & je hais la Campagne;
Ainsi, sans consulter mon aimable Compagne,
Je fais courir de Marchands en Marchands;
Nous descendons enfin, par fantaisie,
Chez cette femme honnête & si jolie,
Qui me fournit toujours & que vous aimez tant.
Elle avoit là dans cet instant
Mille charmantes bagatelles,
D'un goût exquis, toutes nouvelles:
Nous regardions, & dans le Magasin,

A quelques pas de nous, assis près d'une table
Étoit l'animal remarquable,
Qu'avec tant de plaisir j'ai revu ce matin.
Il marchandoit d'un ton brusque & comique;
Renversoit toute la Boutique,
Et, qui pis est, n'achetoit rien.

M. DE PIENNE.

Continuez; j'écoute. Eh bien?

LA MARQUISE.

La Marchande impatientée,
S'adresse à nous, & dit: « Pardon,
» Mesdames, vous voyez que je suis arrêtée
» Par Monsieur qui chez moi ne trouve rien de bon.
» Je serai plus heureuse avec vous, je l'espere.
» Que souhaite, que veut Madame de Sancerre? »
A ce mot, mon original,
Comme frappé d'un soudain mal,
S'écrie: » O Ciel! est-il bien véritable?
» Madame de Sancerre!» Il renverse la table,
Et tout ces jolis riens ensemble confondus;
Avec transport s'élance par-dessus;
Accourt vers la Comtesse, & la bouche béante,
L'œil sur elle attaché d'un air particulier,
Il s'adosse contre un pilier,
Et de cette façon plaisante
La regarde un quart-d'heure entier.

M. DE PIENNE.

Bon!

LA MARQUISE.

Nous formions une scène admirable;

Moi, je riois jusqu'aux éclats ;
Sancerre étoit d'un trouble inconcevable ;
La Marchande grondant tout bas,
Ramassoit ses bijoux & relevoit sa table,
Et notre Original, vers nous tendant les bras,
A son pilier inébranlable,
Attaché comme par un cable,
Regardoit & ne bougeoit pas.

M. DE PIENNE.

A merveille !

LA MARQUISE.

Sancerre enfin toute interdite,
Au lendemain remettoit sa visite,
Et, malgré moi, m'entraînoit pour sortir,
Quand le comique Personnage,
Comme un éclair, s'élançant au passage,
Et ne pouvant nous retenir,
S'est écrié : « Souffrez.... je vous conjure,
» Prenez ma main jusqu'à votre voiture »,
Après ces mots, dits d'un ton singulier,
Il a saisi la main de la Comtesse,
Qui ne savoit, dans sa détresse,
Que répliquer à son fol Ecuyer ;
Mais lui, sans lui donner le loisir de répondre,
En mots presque inarticulés,
A dit rapidement : « Tous mes vœux sont comblés.
» Ah ! Madame, enchanté !... Que je me sens confondre,
» Qui me l'eut dit ? Grand Dieu ! tout est changé !
» J'aurai l'honneur.... Vous voudrez bien permettre....
» Ah ! quel bonheur, si vous daigniez promettre !...
» Oui, je l'espere, & tout est arrangé »....

Comme il continuoit son plaisant bredouillage,
Nous avons joint notre équipage,
Et nos chevaux propices à nos vœux,
Ont su nous délivrer d'embarras toutes deux.

M. DE PIENNE.

Et vous ne savez pas quel homme ce peut être?

LA MARQUISE.

Non.

M. DE PIENNE.

Ce Monsieur pourtant est fort bon à connoître;
C'est une liaison qu'il faudroit cultiver;
De tels originaux sont rares à trouver.
J'aurois voulu vous voir: vous étiez bien contente,
Car plus la scène étoit extravagante,
Plus elle a dû vous amuser.

LA MARQUISE.

Oui, je ne cherche pas à vous le déguiser,
J'étois-là dans mon centre.

DE PIENNE.

Oh! je le crois sans peine,
N'est-il pas vrai qu'un doux penchant
Vers ce Monsieur tant soit peu vous entraîne?

LA MARQUISE.

Vous êtes un impertinent.

DE PIENNE.

Ce n'est pas la le mot, c'est véridique.

LA MARQUISE.

Eh bien, je vous munis de mon consentement;

Arrangez notre hymen, cela ſera charmant
Et nous ferons un couple unique.

M. DE PIENNE.

Mais, non, je ne ſuis pas preſſé ;
Qu'il ſe paſſe de mon office ;
Et tout compté, tout balancé,
Vrai, ce ſeroit une injuſtice.
Pour obtenir le don de votre foi,
S'il faut de ſa raiſon faire le ſacrifice,
Depuis aſſez long-tems, je croi,
J'extravague à votre ſervice.

LA MARQUISE.

Oh, pour cela, c'eſt vainement;
Je vous le dis, & du fond de mon âme;
Je vous aime trop tendrement
Pour être jamais votre femme.

M. DE PIENNE.

Le paradoxe eſt excellent.
Vous m'aimez? ......

LA MARQUISE.

Ecoutez, écoutez, je raiſonne.
A préſent, je le crois, notre commerce eſt doux;
Si j'ai quelques ſecrets, je vous les abandonne;
N'en ayant pas pour moi, je n'en ai point pour vous.
Me paroiſſez-vous triſte, un ſeul mot de ma bouche
Diſſipe les ſoucis qu'on a pu vous donner:
Et quelque revers qui me touche,
J'oublie en vous parlant qu'il faut me chagriner:
Nos petits différens ſont querelles badines:
Chaque jour qui ſe leve eſt pour nous un beau jour;

Nous respirons..... de loin les roses de l'Amour,
Mais c'est pour éviter d'en sentir les épines.
Comme nous sommes dispensés
D'accorder par devoir mon goût avec le vôtre,
On nous voit toujours empressés
De sentir, de penser, d'agir l'un comme l'autre.
Mais si l'Hymen, d'un mot dit sans retour,
Venoit donner un air de consistence
Aux propos légers de l'Amour;
Mon cher de Pienne...... Ah, quelle différence!
Je ferois serment d'obéir;
Et je sens mon insuffisance;
Je ne pourrois pas le tenir.
Il me prendroit quelque lubie,
Ma pauvre tête en est remplie:
Le premier mois, & vû la nouveauté;
» Ma chere, ma plus tendre amie,
Me diriez-vous avec aménité;
» Convenez avec moi, que votre fantaisie
» N'est qu'un léger trait de folie.
» Mais vous vous amusez, je vous connois trop bien,
» Vous êtes raisonnable, & vous n'en ferez rien.
Je recidiverois, car je suis très-fautive:
Alors, & c'est le second mois,
Avec une instance plus vive,
Vous me diriez, en élevant la voix:
» Ma femme, je vous en conjure,
» Abjurez un projet insensé de tout point;
» C'est une extravagance pure,
» Que vous ne vous permettrez point.
Jusqu'à présent la requête est polie;
Mais le troisieme mois, à la fin du quartier;

Ce n'est plus, » ma plus tendre amie,
» Je vous conjure, je vous prie;
C'est un bon mari, tout entier,
Qui, d'un air sec, me dit : » Madame,
» Je ne veux point, je n'entens pas
» Que de ce que je dis on ne fasse aucun cas;
» Obéissez, c'est le lot d'une femme.
Non, mon ami, jamais non, je n'obéirai:
Et, pour le bonheur de votre ame,
Jamais je ne me marierai.

M. DE PIENNE.

Jamais ? ô ciel ! Mais du moins que j'obtienne.....

SCENE VI.

M. DE PIENNE, LA COMTESSE, LA MARQUISE.

M. DE PIENNE, *à la Comtesse.*

Ah, Madame ! venez, j'ai grand besoin de vous.

LA COMTESSE.

Qu'avez-vous donc, Monsieur de Pienne ?
La Marquise est-elle en courroux ?
Quelle dispute a-t-elle ?.....

LA MARQUISE.

Oh ! dispute, entre nous,
C'est du plus loin qu'il me souvienne;

Non

Non pas ; c'eſt que Monſieur veut que je me marie.

LA COMTESSE.

A qui donc?

LA MARQUISE.

Mais à lui.

LA COMTESSE.

Comment ! c'eſt pour cela ?

LA MARQUISE.

Oh ! jamais il n'en rabattra ;
Le mariage eſt ſa folie.

LA COMTESSE.

Elle eſt louable.

M. DE PIENNE.

Eh bien, j'ai beau repréſenter
Qu'il y va du bonheur, du ſort de notre vie ;
On ne veut rien, rien écouter.

LA COMTESSE.

Allez, nous ſçaurons la réduire ;
Monſieur de Montalais ſur elle a quelque empire.....

LA MARQUISE.

Ah, je l'attens !

LA COMTESSE.

En vain vous voulez réſiſter ;
Gageons que, devant lui, vous n'oſez vous dédire.

LA MARQUISE.

Ne m'en défiez pas.

LA COMTESSE.

Et que riſquai-je ? Rien.
De Pienne eſt trop aimable, & vous le ſavez bien.

LA MARQUISE.

Paix donc ! falloit-il le lui dire ?

M. DE PIENNE.

Oui, de ce joli compliment
Je sais discerner humblement
Tout ce qui n'est que politesse.....
Mais pardonnez à mon ivresse,
Avec transport j'accepte comme Amant
Tout ce qui flatte ma tendresse.

LA MARQUISE.

Comment se fâcher contre lui ?
Mais à propos, il faut que je vous conte.....
Il est venu.

LA COMTESSE.

Qui ?

LA MARQUISE.

Notre Ami.

LA COMTESSE.

Lequel ?

LA MARQUISE.

L'extravagant, l'homme au pilier.

LA COMTESSE.

Quel conte ?

LA MARQUISE.

Tout à l'heure il étoit ici.

LA COMTESSE.

Mais vous plaisantez, j'en suis sûre.

LA MARQUISE.

Non. Demandez. Non, d'honneur, je vous jure.
J'en ai bien ri... Cet homme eſt vraiment fou !
Il eſt venu, ſortant je ne ſais d'où,
Criant toujours, comme à ſon ordinaire,
Qu'il vouloit voir Madame de Sancerre.
Je l'ai trouvé dans cet appartement,
Peſtant ſur ſa méſaventure,
Et réuniſſant plaiſamment
La douceur au courroux, la prière à l'injure.
A la première vue, oh! du premier abord,
J'ai reconnu le perſonnage.
Il s'eſt rappellé mon viſage,
Et nous avons tous les deux pris l'eſſor.
J'ai cru que je mourrois de rire.
Lui, ſur qui la gaité ſans doute a peu d'empire,
S'eſt aviſé de ſe fâcher.
Son courroux, loin de me toucher,
A redoublé mes ris & mon joyeux délire.
Enfin le cœur gros & navré,
Me maudiſſant de votre abſence,
Après avoir peſté, crié, juré,
Le déloyal s'eſt retiré
Sans nous faire la révérence.

LA COMTESSE.

Mais d'où me connoît-il ? Quel eſt-il ?

LA MARQUISE.

Je ne ſais.

LA COMTESSE.

J'eſpère que voilà ſa dernière viſite.

LA MARQUISE.

Oh ! non pas, s'il vous plaît. Vous n'en êtes pas quitte.
Il reviendra, Madame, & ses vœux empressés...

M. DE PIENNE.

Mais, si facilement vous pouvez l'éconduire !...
Si c'est l'amour qui près de vous l'attire,
Votre hymen avec Montalais
Doit renverser tous ses projets.
Accordez-lui ce soir une audience,
Ce sera celle de congé.

LA MARQUISE.

Pour votre hymen tout est-il arrangé ?
Autant que vous je meurs d'impatience.

LA COMTESSE.

Oui, nous terminerons ce soir.

LA MARQUISE.

O ce cher Montalais ! je brûle de le voir.
Mais qu'il a dû s'ennuyer en campagne,
Loin de sa chère & fidelle compagne ;
Et loin de moi qu'il aime avec excès !

LA COMTESSE.

Ah ! nous éprouvions tous la même impatience :
Mais il fuit à grands pas de ses tristes forêts.
C'est aujourd'hui qu'on juge son procès.
L'affaire est de grande importance,
Tous ses biens à venir dépendent du succès.
Autant que nous, d'ailleurs, il souffre de l'absence.
Ce que je sens, son cœur l'éprouve aussi.
Croyez qu'il fera diligence ;

Il sait bien qu'avec moi l'amour l'attend ici.

LA MARQUISE.

L'Hymen, l'Amour & la Justice,
Voilà de l'occupation.

M. DE PIENNE.

Et tous les trois, dans un accord propice,
Vont du sceau du bonheur marquer votre union.

LA COMTESSE.

Je réponds de l'amour. J'aime & je suis aimée;
L'Amour & la Raison nous unissent tous deux.
Oui, Montalais est l'objet de mes vœux,
Et je suis tout pour son ame enflammée.
La fortune de Montalais
Est attachée au gain de son procès.
Mais s'il le perd, son sort ne sera point funeste;
Je suis riche & mon cœur lui reste.
Par l'amour le plus tendre unis dès le berceau,
Il s'accrût en nous avec l'âge:
Mais au mépris d'un feu si beau,
Sancerre à mes parens parla de mariage;
Et forcée à subir cet horrible esclavage,
De l'Hymen, en pleurant, j'allumai le flambeau.
Montalais perdit tout, jusques à l'espérance.
D'une fille de qualité
Qui, sans compter une fortune immense,
A l'esprit, aux vertus, unissoit la beauté,
On lui proposa l'alliance:
« Non, non, répondit-il, mon sort est arrêté;
» Je ne serai jamais, puisque le Ciel l'ordonne,
» Au tendre objet qui m'avoit enchanté,

» Mais ma main, ni mon cœur, ne seront à personne ».
O mon cher Montalais! A ta fidélité
Je dois l'heureux espoir où mon cœur s'abandonne:
J'ai retrouvé ma liberté;
Tu fis tout pour l'amour, & l'amour te couronne.

M. DE PIENNE.

Qu'il est doux d'inspirer de pareils sentimens!

LA COMTESSE.

Il est plus doux encor de se les reconnoître.
Le sort de votre ami, balancé si long-tems,
Par moi sera fixé peut-être.
Pourquoi mes biens ne sont-ils pas plus grands,
Puisqu'il en doit être le Maître?
Je les lui cède tous, je n'ai plus rien à moi.
Qu'il soutienne le nom d'une famille illustre:
Je ne prétends, je ne veux d'autre lustre
Que son amour & le don de sa foi.

LA MARQUISE.

Ah! que cet Oncle & si bon, & si sage,
Qui vous légua son bien dans ses derniers momens,
S'applaudiroit de son ouvrage,
S'il pouvoit voir le bon usage
Que vous faites de ses présens!

LA COMTESSE.

Au Comte d'Estelan, peu riche par moi-même,
Je dois tout mon bonheur & l'aisance où je suis;
Mais je n'acceptai point, sans une peine extrême,
Ce qui de droit revenoit à son fils.
Si l'amour, de ce fils égara la jeunesse,
Si, sans l'aveu d'un père, il contracta des nœuds

Que de ſon ſang réprouvoit la nobleſſe,
Il fut toujours excuſable à mes yeux.
Un père peut, dans ſa colère,
Déshériter ſon fils par un arrêt ſévère,
Mais c'eſt un châtiment toujours trop rigoureux,
Et ce n'eſt point à des parens avares
D'engloutir de leurs mains barbares
Les dépouilles d'un malheureux.
Je n'acceptai ces biens qu'on me forçoit de prendre,
Que pour les conſerver à celui que la loi
N'en devoit point priver pour moi;
Et j'étois prête à les lui rendre;
Je l'avois découvert enfin, lorſque la mort
Légitima mes droits en terminant ſon ſort.
Qu'au moins cet héritage immenſe,
Que je n'attendois pas, qui ne m'étoit point dû,
Serve en mes mains de récompenſe
A la pauvreté noble, ainſi qu'à la vertu.

M. DE PIENNE.

Je vous reconnois-là, ce trait de bienfaiſance...

LA COMTESSE.

Ne louez pas ce qui n'eſt qu'un devoir.

SCENE VI.

M. DE PIENNE, SAINT-GERMAIN, LA COMTESSE, LA MARQUISE.

SAINT-GERMAIN, *à la Comtesse.*

UN Négre fort bien mis m'a donné cette Lettre,
Qu'entre vos mains je dois expressément remettre.

LA COMTESSE.

De quelle part?

SAINT-GERMAIN.

Je n'ai pu le savoir;
Il ne m'en a rien dit.

(*Il sort.*)

SCENE VII.

M. DE PIENNE, LA COMTESSE, LA MARQUISE.

LA COMTESSE.

VOULEZ-vous bien permettre?

LA MARQUISE.

Des façons avec vos amis!

LA COMTESSE, *après avoir lu les premières lignes tout bas.*

Est-ce un songe ?... Ecoutez ; vous serez bien surpris !

(*Elle lit.*)

« Madame,

» On prend ici de longs détours pour s'expliquer ; au » bout d'une heure on n'a rien dit ; moi, je parle pour » être entendu. Voici le fait. Je vous aime de tout mon » cœur. J'ai fait deux fois le tour du monde, j'ai vu » des femmes de toutes les contrées & de toutes les » couleurs ; mais d'un Pôle à l'autre on chercheroit en » vain votre égale.

» J'ai été ce matin chez vous ; vous n'y étiez pas ; » & j'en ai été bien fâché, car j'avois grande envie de » vous voir ; je n'ai trouvé que cette Dame qui vous » accompagnoit l'autre jour chez la Marchande de » Bijoux ; elle est jolie aussi cette Dame-là, & elle rit » beaucoup ; mais elle rira tant qu'il lui plaira, sur ma » parole, elle ne vous vaut pas. Venons à nos affaires.

» J'ai de la naissance, je n'en suis pas fâché ; je » possède une grande fortune, j'en fais cas. Le par- » tage de six millions, des pierreries tant que vous vou- » drez ; cent Esclaves pour vous servir ; de superbes ha- » bitations dans le plus beau pays du monde ; un Mari, » jeune encore, franc, bon, honnête, vaillant ; cela vous » convient-il, Madame ? Il faut me répondre très-vîte, » s'il vous plaît, car je dois bientôt repasser les mers. » Parlez vrai, je m'arrangerai en conséquence. Nous » nous connoissons beaucoup, quoique nous ne nous » soyons vus qu'une fois. Une affaire importante m'a

» conduit ici ; elle vous regardoit d'une façon, à pré-
» sent elle vous regarde d'une autre. Ceci n'est pas clair,
» je vous l'expliquerai.

» J'ai l'honneur d'être, Madame, avec un profond
» respect, la passion la plus vive & la plus ardente,

Votre très-humble & très-
obéissant Serviteur,
CHARLES MORINZER.

Et par apostille.

» Votre réponse au plutôt : me voulez-vous ? Ne me
» voulez-vous pas ? Dites oui ou non.

LA MARQUISE.

Oh! l'admirable ; oh! la bonne aventure!
Il est parfait l'original!
Son style est comme sa figure...
Mais le moindre délai pourroit être fatal...
Eh vîte, eh vîte!...

M. DE PIENNE.

Quoi ?

LA MARQUISE.

Du papier, une plume.

(*A la Comtesse.*)

Je répondrai pour vous ; ce n'est pas la coutume ;
Mais il n'importe, & ce sera bien bon.

LA COMTESSE.

Etes-vous-vous folle ?... Mais que pourrez-vous lui dire ?
Il veut une réponse.

LA MARQUISE.

Eh bien, je vais l'écrire.

(Prenant la Lettre.)

Voyons... Que dit Monsieur Charles Morinzer ?

(Lisant.)

« Me voulez-vous ? Ne me voulez-vous pas ? Dites oui » ou non. »

(Elle écrit au milieu d'une grande feuille de papier & en gros caractères : NON. *)*

LA COMTESSE.

Que faites-vous ?

M. DE PIENNE.

Mais c'est une folie.

LA MARQUISE.

Je plie & vais cacheter le Billet.
A la réception de ce tendre poulet
Le Morinzer, je le parie,
Extravaguera tout-à-fait.
Il faudra l'enfermer.... Saint-Germain.

SCENE VIII.

M. DE PIENNE, LA COMTESSE, St-GERMAIN, LA MARQUISE.

LA MARQUISE, *à Saint-Germain.*

VAs remettre.

LA COMTESSE.

Mais arrêtez... Non, je ne puis permettre....

LA MARQUISE.

Je voudrois être là pour entendre ſes cris.

LA COMTESSE.

Saint-Germain....

LA MARQUISE.

Pars, je le veux.

SAINT-GERMAIN.

J'obéis.

M. DE PIENNE.

La plaiſanterie eſt unique.

SAINT-GERMAIN.

Irai-je?

M. DE PIENNE.

Eh, oui.

LA MARQUISE.

Vas donc.

(Il ſort.)

SCENE IX.

M. DE PIENNE, LA COMTESSE, LA MARQUISE.

LA COMTESSE.

MAIS il se fâchera.

LA MARQUISE.

Tant mieux. Son amour est comique ;
Son courroux nous désennuiera.

LA COMTESSE

En vérité, ma chère Amie,
Vous êtes folle.

LA MARQUISE.

Eh mais, j'en conviens bonnement.
O Charles Morinzer, que je vous remercie !
Vous êtes un homme charmant !
Il va crier, jurer, faire un bruit effroyable ;
Nous allons le voir revenir
Dans une rage inconcevable.
Cela doit faire une scène admirable !
Apprêtons-nous à nous bien divertir.

LA COMTESSE.

Il eut été beaucoup plus raisonnable
De ne pas prendre garde à cet Originai :
Sa lettre au fond ne fait ni bien ni mal,

Et ne méritoit pas votre folle réponse.

LA MARQUISE.

Vous êtes trop sensée; allez, je vous renonce.

SCENE X.

M. DE PIENNE, LA COMTESSE, LA MARQUISE, UN LAQUAIS.

LE LAQUAIS.

MADAME.....

LA COMTESSE.

Eh bien ?

LE LAQUAIS.

Monsieur d'Elvoir,
Votre Notaire, est là.

LA COMTESSE.

Je vais le recevoir.

(*Il sort.*)

SCENE XI.

M. DE PIENNE, LA COMTESSE, LA MARQUISE.

LA COMTESSE.

AH, mon cher Comte, écoutez, je vous prie...

M. DE PIENNE.

Que voulez-vous ?

LA COMTESSE.

Ne pourroit-on savoir
Ce qu'est ce Morinzer, & par quelle manie
Cet homme-là me rend le but de sa folie ?
Allez, je vous supplie, & tâchez de le voir.
Et sur-tout, s'il vous est possible,
Détournez-le de revenir.
(*La Marquise fait signe au Comte de n'y point aller.*)
Cette scène pour moi ne sera pas risible.
Je ne crois pas devoir si fort m'en réjouir.

M. DE PIENNE.

Avec bien du plaisir je ferai le message,
Vous n'avez pas besoin de m'en presser :
Mais d'un semblable personnage
Il sera mal-aisé de vous débarrasser.

LA COMTESSE.

Il n'importe, essayez. Avec impatience
Nous attendrons votre retour.

M. DE PIENNE.

Je vais vous obéir & ferai diligence.
(A la Marquise.)
Adieu, Madame.

LA MARQUISE.

Adieu, Monsieur. Bon jour.
(Le retenant comme il va pour sortir.)
Ecoutez, écoutez : par votre complaisance,
Vous me taxez d'extravagance,
Mais songez que j'aurai mon tour ;
Et gardez-vous, après ce trait d'impertinence,
De me parler jamais de votre amour.

LA COMTESSE.

Autre folie!

M. DE PIENNE.

Oh, oui ; mais rien ne me rebute.
(A la Marquise.)
Vous l'avez dit cent fois, & je n'y crois jamais.
Un caprice fait la dispute,
Un caprice fera la paix.

Fin du premier Acte.

ACTE II.

ACTE II.

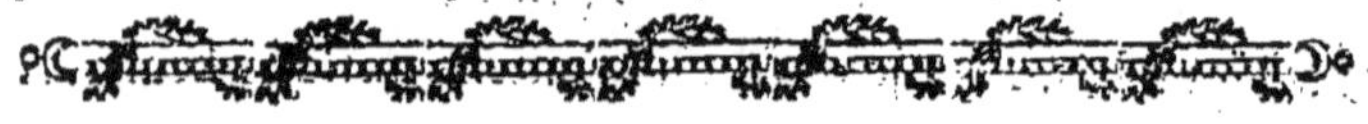

SCENE PREMIÈRE.

LA COMTESSE, LA MARQUISE.

LA MARQUISE.

Qu'ils sont plaisans tous ces Notaires !
Pour expliquer les choses les plus claires
Ils ont des mots si durs, des termes si mal faits,
Un si mauvais genre d'écrire,
Qu'on est tout étonné lorsqu'on vient à les lire,
De ne pas même entendre le François.

LA COMTESSE.

Ne faut-il pas se prêter à l'usage ?
C'est le style du bon vieux tems.

LA MARQUISE.

On pouvoit parler ce langage
A nos ayeux. C'étoient de bonnes gens
Qui n'en savoient pas davantage :
Mais j'ai droit à présent d'exiger, vu mon âge,

Que l'on me parle au moins la langue que j'entens.

LA COMTESSE.

Vous avez bien raison, mais votre plainte est vaine.
Est-ce le seul abus que l'on auroit, sans peine,
Bien-tôt détruit, ou du moins corrigé,
Et dont nous supportons la chaîne
Par paresse ou par préjugé?
Mais l'heure approche, je le pense,
Où Montalais..... je crois que j'entens quelque bruit.....

LA MARQUISE.

Ah! votre cœur rempli d'impatience
Vole vers Montalais, le devance ou le suit.

LA COMTESSE.

Oui, je l'attens..... je suis impatiente.....

LA MARQUISE.

Et c'est un tourment que l'attente.
Pour moi, j'attens aussi, mais c'est pour quereller.

LA COMTESSE.

Qui? ce pauvre de Pienne?

LA MARQUISE.

Oui, je vous le proteste.

LA COMTESSE.

Un peu de pitié.

LA MARQUISE.

Non, je veux le désoler
Mais ne le plaignez pas, il n'est jamais en reste.

SCENE II.

LA COMTESSE, SAINT-GERMAIN, LA MARQUISE.

LA MARQUISE.

Ah, voilà Saint-Germain! Eh bien, notre billet
A-t-il produit un bon effet?
Le Charles Morinzer est désolé, je gage.

SAINT-GERMAIN.

J'ai rempli ma commission:
Mais ne me chargez plus d'un semblable message.
Il a pensé m'en coûter bon.

LA MARQUISE.

Comment donc?

SAINT-GERMAIN.

Il entend fort mal le badinage,
Ce Monsieur-là.

LA MARQUISE.

Quoi donc? Que t'est-il arrivé?
Mon style a-t-il fait des merveilles?

SAINT-GERMAIN.

Chez ce diable de réprouvé
J'aurois ma foi laissé mes deux oreilles,
Si prudemment je ne m'étois sauvé.

LA MARQUISE.

Comment, il est fâché ? La scène est admirable!
Contes nous..... contes donc.

SAINT-GERMAIN.

Avec votre billet,
Dont je ne croyois pas, s'il faut vous parler net,
Le contenu si redoutable ;
A l'aide d'un maître valet,
Qui me guidoit d'un air capable,
J'ai pénétré jusqu'en un cabinet
Où siégeoit ce Monsieur. Là, d'un air agréable,
J'ai fait mon petit compliment,
Sans verbiage, & fort adroitement.
» Voilà, Monsieur, ai-je dit, une lettre
» Que Madame, en vos mains, m'a chargé de remettre.
—» Madame ?—Eh oui, Monsieur.—Maraut, Madame qui ?
—» Eh mais, Monsieur, Madame de Sancerre.
—» Madame de Sancerre ? — Oui, je vous le jure, oui.
—» Que ne parlois-tu donc, coquin ? Pourquoi te taire ?
» Donne donc, poursuit-il avec vivacité ;
» Un billet d'elle-même ? Oh, l'admirable femme !
» De mes tourmens elle a pitié.
» Le beau visage ! la belle ame ! »
Tout en disant ces mots ; il rioit, il chantoit,
Me caressoit, baisoit votre lettre, sautoit.
Mais, ô grand Dieu, quelle métamorphose !
A peine le billet est-il décacheté.....
Je suis de sa fureur encore épouvanté.
» Non..... ô ciel! Quoi, dit-il, c'est un Non? Quoi, l'on ose!..
» Un Non tout court! Quoi, ce malin démon
» Par qui, depuis dix jours, j'ai l'esprit en délire ;

» Ce lutin rit de mon martyre ;
» Et, pour mieux m'insulter, affecte de n'écrire
» Qu'une syllabe, & c'est un Non!
» Petit monstre, que je déteste.....
» Que j'aime.... que j'adore : oh, je perds la raison.
» Et toi, maraut? — Monsieur, je vous proteste,
» J'ignorois son intention.
— » Tu ris, coquin, & veut me faire accroire.....
» Tu n'étois pas au fait d'une trame aussi noire?
» Tu ris encore? .... Ah, maudit postillon!
» Tiens, sois payé de ta commission ».
A ces mots, un soufflet..... Non, homme de sa vie,
Si bien qu'un soufflet soit donné,
N'en a jamais reçu, je le parie,
Qui fût mieux conditionné.
» Sors de chez moi, malheureux, ou j'atteste.....
» Sors, poursuit-il. — Eh, Monsieur, volontiers. »
Et lestement, gagnant les escaliers,
Je suis sorti sans demander mon reste.

LA MARQUISE.

Le trait est du dernier plaisant.
Cette aventure est impayable!

SAINT-GERMAIN.

Ma foi, moi, je me donne au diable
Si je vois là rien d'amusant.

LA MARQUISE.

N'auriez-vous pas voulu vous y trouver présente;
Voir la figure extravagante
Du Morinzer gesticulant,
Chantant, riant, jurant, battant?
Il en a fait un tableau qui m'enchante.

LA COMTESSE.

Ce pauvre Saint-Germain ! il eſt tout ſtupéfait.
Votre gaîté l'humilie & l'afflige.
Tiens, mon pauvre garçon, prens cela ; prens, te dis-je :
C'eſt pour te conſoler du malheureux ſoufflet.

(*Elle lui donne de l'argent.*)

LA MARQUISE, *arrêtant Saint-Germain, qui va pour ſortir, & lui donnant auſſi de l'argent.*

Attends... Tout en riant, Germain, je ſuis ſenſible
A ton pitoyable accident.
Tiens, mon ami... Mais cependant,
N'eſt-il pas vrai que le fait eſt riſible ?

SAINT-GERMAIN.

Oui, je commence à le trouver plaiſant.

LA COMTESSE.

Laiſſez-nous.

(*Il ſort.*)

SCENE III.

LA COMTESSE, LA MARQUISE.

LA MARQUISE.

Eh bien, quoi ? vous me faites la mine ?

LA COMTESSE.

Vous m'avez compromiſe & je ſuis très-chagrine
D'être pour quelque choſe...

LA MARQUISE.

Eh non, tout va fort bien.

LA COMTESSE.

Ah! j'apperçois de Pienne.

SCENE IV.

LA COMTESSE, M. DE PIENNE, LA MARQUISE.

LA MARQUISE.

Eh bien, Monsieur?

LA COMTESSE.

Eh bien?

LA MARQUISE.

Charles de Morinzer? Qu'avez-vous appris?

M. DE PIENNE.

Rien.

On ne sait dans son voisinage,
Ni ce qu'il fût, ni ce qu'il est.
Hors deux Noirs, de ses Gens aucun ne le connoît.
Ils pensent tous qu'il est de haut parage.
Grand Hôtel, beaux chevaux, magnifique équipage,
Un luxe recherché, le train le plus complet.
Inconnu dans Paris, dont il n'a nul usage;
Il y vient d'arriver, selon ce qui paroît,
Après un assez long voyage.

J'ai consulté jusqu'au moindre Valet,
Ils n'en savent pas davantage;
Les Nègres sont instruits, mais gardent le secret.

LA MARQUISE.

Voilà de quoi me mettre à la torture.
Monsieur, si vous avez la moindre humanité,
Il faut savoir le mot de cette énigme obscure;
Ou je deviendrai fôlle... Oh, oui, je vous le jure,
Folle... Folle n'est rien, mon sort est arrêté;
Vous me perdrez, Monsieur, dans trois jours, j'en suis sûre
Et je mourrai de curiosité.

M. DE PIENNE.

Vraiment la maladie est des plus sérieuses,
Et déja dans vos yeux je vois un feu mutin:
Cela pourroit avoir des suites dangereuses.
Je serai votre Médecin.

LA COMTESSE.

Vous plaisantez, & moi je ne suis point tranquile;
Cet homme m'inquiéte, & la Lettre incivile
Que Madame...

M. DE PIENNE.

Pourquoi vous en inquiéter?
Quel sujet auriez-vous de le tant redouter?

LA MARQUISE,

Ma Lettre incivile!... Et j'endure
De sang-froid une telle injure!
Incivile! aux dépens des fous
Il n'est donc plus permis de rire?
Ah! laissez-nous de grace un passe-tems si doux

Si vous nous retranchez le plaisir de médire,
Le persifflage & la satyre;
A quoi donc nous réduisez-vous?

M. DE PIENNE, *à la Comtesse.*

Mais sans doute, Madame, ah! soyons équitables;
Grace pour les talens aimables.
Médire est un amusement
Honnête & point du tout méchant;
La satyre un plaisir humain & charitable;
Le persifflage est si décent,
D'un si bon ton, si raisonnable!
Ah! le persifflage est charmant!

LA MARQUISE.

Monsieur de Pienne, en véritable amie,
Je crois devoir vous avertir
Que pour le bonheur de ma vie,
Je ne vous aime point, & n'en ai nulle envie;
Mais que vous finirez par vous faire haïr.
Je raille, & n'entends pas du tout la raillerie.

M. DE PIENNE.

Je ferai mon profit de l'Avertissement.

LA COMTESSE.

Je ne vous comprends pas, la plus vive tendresse
Sur vos deux cœurs agit également;
Et vous vous querellez sans cesse?

M. DE PIENNE.

Eh mais, c'est par rafinement.
Toujours la paix, à la longue elle ennuie.
On se brouille un petit moment;

On se boude, l'on s'injurie;
Pour sauver la monotonie,
Il faut un raccommodement;
Et puis on s'aime à la folie
Jusqu'au premier évènement:
C'est ainsi que l'on remédie
A l'uniformité des scènes de la vie.

LA MARQUISE.

Vous arrangez tout cela joliment.

M. DE PIENNE.

Mais j'oubliois un fait d'assez grande importance,
Et qui doit vous tranquiliser
Sur Charles Morinzer: malgré son opulence;
C'est ce que m'en ont dit ceux que j'ai fait jaser;
Il est humain, généreux & sensible.
D'un accueil assez brusque & pourtant accessible;
Vif, emporté, mais charitable & bon;
Il fait du bien à ce qui l'environne;
Il a bon cœur & mauvais ton:
Enfin son sang, qui pour un rien bouillonne,
Fait que souvent il déraisonne
Avec beaucoup d'esprit & beaucoup de raison.
On vient ainsi de me le peindre.
De tous ceux que j'ai consultés
Les avis se sont rapportés
Parfaitement; & vous devez peu craindre
Un homme en qui l'on voit toutes ces qualités.

SCENE V.

LA COMTESSE, ST-GERMAIN, M. DE PIENNE, LA MARQUISE.

SAINT-GERMAIN, *très-effrayé.*

MONSIEUR de Morinzer....

LA COMTESSE & LA MARQUISE.

Eh bien?

SAINT-GERMAIN.

Avec instance
A Madame demande un moment d'audience:
Il a les yeux hagards & le ton du courroux.
Ah! si Madame en veut croire mon zèle,
Madame en cet instant ne sera pas chez elle:
Cet homme n'est pas sûr, & pourroit...

LA COMTESSE.

Taisez-vous,
Faites monter.

(Il sort.

SCENE VI.

LA MARQUISE, LA COMTESSE, M. DE PIENNE.

LA MARQUISE.

Je veux être présente.
La visite sera plaisante,
Et je vais m'amuser.

LA COMTESSE.

Non, non pas, s'il vous plaît.
Le Comte vous suivra jusqu'en mon cabinet.

LA MARQUISE.

Et pourquoi?

LA COMTESSE.

Je crains vos folies;
Elles sont toujours bien jolies,
Mais il me faut en ce moment,
Du sang-froid, du raisonnement,
Et non point d'aimables saillies.

LA MARQUISE.

C'est bien dommage, assûrément;
L'entretien eût été charmant,
Mais vous allez être obéïe.
(*A M. de Pienne.*)
Puisqu'avec vous il faut que je m'ennuie,
Venez, Monsieur.

M. DE PIENNE.

L'aimable compliment!
En vérité, vous êtes trop polie.

(*Ils sortent.*)

SCENE VII.

LA COMTESSE, MORINZER.

MORINZER.

Enfin, Madame, je vous vois!
Enfin je vous trouve une fois!
(*Repoussant un fauteuil qu'elle lui présente.*)
Ne vous dérangez pas. Asseyez-vous, de grâce.

LA COMTESSE.

Monsieur!...

MORINZER.

Non, non; je suis fort bien debout.
Asseyez-vous.

LA COMTESSE.

Quand vous aurez pris place.

MORINZER.

Mon Dieu, point de façons. Je n'en veux pas du tout.
Je vais, je viens, je me promène,
Je m'assieds... Qu'avez-vous? Vous respirez à peine.
Vous trouveriez-vous mal? Quoi donc? Je vous fais peur!
Juste Ciel! J'ai bien du malheur!

Je vous déplais... Oui, mon aspect vous gêne...
Qu'ai-je donc fait qui vous doive allarmer?
Si vous saviez le sujet qui m'amène?...
Ne tremblez point, Madame, & daignez vous calmer.
Je suis un fou, moins à blâmer qu'à plaindre;
Je suis un fou, mais qui n'est point à craindre.

LA COMTESSE.

Je ne crains rien, Monsieur..... Un peu d'émotion
A votre aspect m'a rendue interdite.
Si j'avois eu quelqu'appréhension,
Je n'aurois pas reçu votre visite.

MORINZER.

Et dix fois; oui, dix fois je me suis présenté
A votre porte... Un maudit Suisse,
Un gros coquin, que l'enfer engloutisse,
Avec son baragouin & son air empâté,
Moi, suppliant, m'a dix fois rejetté.
C'est par votre ordre, & sans cela le traître...

LA COMTESSE.

Je n'avois pas, Monsieur, l'honneur de vous connoître...

MORINZER.

Me connoissez-vous mieux?

LA COMTESSE.

Il ne tiendroit qu'à vous
De vous faire connoître avec un ton plus doux.

MORINZER.

C'est vrai, j'ai tort, mais telle est ma tournure;
Il faut me le passer, & je n'ai pas dessein

De vous faire la moindre injure.
Pardonnez-moi. Je suis un franc Marin,
Brave, loyal, honnête au fond de l'ame,
Un peu brusque, il est vrai; dur... Mais j'ai pris mon pli;
Sur la mer on n'a point de femme,
Et l'on est honnête homme & point du tout poli.

LA COMTESSE.

J'aime du moins votre franchise.
Cela répare tout.

MORINZER.

Oh! pour franc je le suis,
C'est le naturel du pays.

LA COMTESSE.

Tant mieux, mais permettez, Monsieur, que je vous dise
Qu'il faudroit prendre un peu l'air, le ton de Paris.

MORINZER.

Je le prendrai.

LA COMTESSE.

Bon!

MORINZER.

S'il faut, pour vous plaire,
Etre galant, je le ferai.
Aimez-moi seulement, voilà la grande affaire:
Ensuite à vos desirs je me conformerai.

LA COMTESSE.

Que je vous aime?

MORINZER.

Eh oui!

LA COMTESSE.

J'ai reçu votre Lettre...

MORINZER.

A propos, daignez me permettre,
Vous qui parlez politesse, bon ton;
Votre réponse à mon épître
Est-elle marquée à ce titre?
Non. Un seul mot. Rien qu'un mot: un seul *Non*!
Madame, en vérité vous êtes laconique:
Je vaux bien pour le moins qu'avec moi l'on s'explique.
Je l'avouerai, ce *Non* là me confond.
Les Françoises, dit-on, sont honnêtes, polies?
Vous me prouvez qu'elles sont bien jolies,
Mais honnêtes... Ma foi ce billet là répond.

LA COMTESSE.

Autant que vous, Monsieur, ce trait me mortifie.
Ne me l'imputez point. Une indiscrette amie,
Et vainement j'ai voulu l'empêcher,
Pour s'amuser & par plaisanterie,
S'est malgré moi permis une saillie
Qui, vous & moi, Monsieur, a droit de nous fâcher.

MORINZER.

Passe quand on se justifie;
Je gage que ce trait maudit,
Dont vous me semblez si honteuse,
Part de la maligne rieuse
Qui m'a pensé tantôt faire perdre l'esprit?
J'ai pu vous en croire coupable!...
Pardon, mille pardons.... Avec des yeux si doux,
De la malignité, de la hauteur!... Qui, vous?...

Et

Et j'ai pu le penſer !... je ſuis trop condamnable.
Vous ne ſauriez rien faire de blâmable.
Vous pouvez bien déranger mon cerveau,
Me déſoler, m'envoyer au tombeau,
Sans avoir d'autre tort que celui d'être aimable.

LA COMTESSE.

Vous me flattez.

MORINZER.

Je dis la vérité.
A préſent que ſur vous, ſur votre honnêteté
Il ne me reſte plus de doute,
Revenons à l'objet qui m'amène en ces lieux;
Je ne prends pas de chemins tortueux,
Je vais au but, & ſuis tout droit ma route.
Je vous aime, ma Lettre a dû vous le prouver;
Oui, je vous aime, & de toute mon ame;
Voulez-vous m'épouſer, Madame?
Vous ne pouvez jamais trouver
D'époux qui ſache aimer plus tendrement ſa femme.
Mon bien eſt plus clair que le jour,
Et je le prouverai. Ma fortune eſt immenſe;
Je la mets à vos pieds, ainſi que mon amour.
Acceptez-les tous deux, ayez cette indulgence.
Je ne veux point marchander votre main,
Elle n'a point de prix, cette main ſi chérie,
Et ſi, pour l'obtenir au gré de mes ſouhaits
Rien qu'un ſeul jour, on demandoit ma vie,
Ah! de bon cœur je vous la donnerois.

LA COMTESSE.

Combien, Monſieur, vous me rendrez confuſe!
D'un procédé ſi beau mon cœur eſt pénétré....

Pour prix de tout l'amour que vous m'avez montré,
Faut-il vous dire, hélas ! que ce cœur....

MORINZER.

Me refuse ?
Et pourquoi ? Qu'ai-je en moi qui soit si rebutant ?
Je ne suis pas bien beau, mais dans le mariage
Est-ce tout qu'un joli visage,
Le caractère est le point important ;
Lui seul survit à la jeunesse.
Six mois après l'hymen toute illusion cesse,
Et l'on se juge à la rigueur.
La beauté perd son pouvoir séducteur,
On s'accoutume à la figure,
Et l'on se fait à la laideur.
Le tems est le creuset où l'amour vrai s'épure,
L'esprit, le jugement, les qualités du cœur,
Voilà le seul charme qui dure.

LA COMTESSE.

Il est vrai, mais....

MORINZER.

Mais... Mais je vous déplais... Pourquoi ?
Oui, oui, pourquoi ? Quel est mon crime ?
Est-ce de vous aimer ? Hélas ! c'est malgré moi.
Un funeste ascendant m'opprime,
Je vous le jure ; &, sur ma foi,
En dépit de mon cœur l'amour me fait la loi.
Je déteste, à la fois, & j'aime mon Martyre.
Je fuis, mais vainement, l'amour vers vous m'attire ;
Il est par-tout, car par-tout je vous vois ;
Pour mon malheur tout est amour, je crois,
Jusques à l'air que je respire.

LA COMTESSE.

Modérez-vous, Monsieur. Je vois, je plains, je sens
Le triste état où je réduis votre ame;
Cependant, pour nourrir cette si vive flâme,
Avez-vous consulté mes secrets sentimens?
Oui, Monsieur, vous m'aimez; mais me suis-je obligée
A vous payer du plus léger retour?
En quoi, Monsieur, par votre amour
Envers vous puis-je être engagée?
Daignez écouter la raison;
Ne me reprochez pas ce qui n'est point mon crime;
Mon cœur qui se refuse à votre passion,
Vous offre toute son estime.
La vôtre m'est due. Oui, vous me l'accorderez.
Je suis loin d'insulter aux maux que vous souffrez.
Je vois avec horreur ce triomphe bisarre;
Triomphe trop commun dans ce siécle insensé;
Dont croit jouir une femme barbare,
En déchirant un cœur qu'elle a blessé.

MORINZER.

Eh! voilà de tout point ce qui me désespere.
Non, je ne puis vous accuser de rien.
Il est vrai, je vous aime; oui, je vous aime... Eh bien?
C'est ma faute à moi seul si je ne puis vous plaire.
Les volontés sont libres, j'en convien.
Contre votre rigueur qu'employer? Quelles armes?
De votre côté sont les charmes,
L'amour, l'amour seul est du mien.
Mais, dites-moi; répondez-moi, Madame;
Ai-je un Rival? Soyez de bonne-foi;

Ce cœur qui ne peut être à moi,
Brûleroit-il d'une autre flâme ?

LA COMTESSE.

Monsieur....

MORINZER.

Vous hésitez ?... Quel mystere ?... Parlez.
Vous êtes veuve, &... Ciel! vous vous troublez !
Oui, vous aimez, oui, vous êtes aimée !
Je suis né bon, naturellement doux ;
Mais dans l'ardeur des mouvemens jaloux
Dont je sens mon âme enflâmée,
Je suis un Diable, au moins, je vous en averti.
Je veux voir mon rival, la chose est résolue.
Il faut que je le voye, il faut que je le tue,
Ou qu'il me tue & que tout soit fini.

LA COMTESSE.

Vous abusez, Monsieur, de mon trop d'indulgence.
De quel droit venez-vous chez moi
Pénétrer mes secrets & m'imposer la loi ?
De quel droit ?... J'ai pitié d'un excès de démence
Qui vous emporte malgré vous.
Vous n'écoutez qu'un aveugle courroux,
Et j'y veux opposer toute ma patience.
Je ne vous ai point dit, je pense,
Qu'un autre m'inspira des sentimens plus doux...
Mais cela fût-il vrai, qu'auriez-vous à me dire ?
Maitresse de ma main, ne puis-je disposer
D'un cœur sur qui, Monsieur, vous n'avez nul empire ?
Parce que vous m'aimez : faut-il vous épouser ?

MORINZER.

Oui, si c'est un bonheur pour vous d'être adorée.

LA COMTESSE.

Monsieur, vous m'arrachez un bien cruel aveu ;
Mais je le dois à votre âme égarée.
J'ignore l'art d'entretenir un feu
Dont je ne suis point pénétrée.
Je ne vous aime point, & je n'épouserai
Qu'un homme à qui je plaise & que je chérirai.
Ce seroit vous faire une offense,
Monsieur ce seroit vous trahir
Que vous donner la plus foible espérance
D'un bonheur incertain, fondé sur l'avenir.
Le Ciel ne nous a point fait naître l'un pour l'autre.
Ne vous obstinez point, par l'amour emporté,
A troubler ma tranquilité ;
Et travaillons tous deux à vous rendre la vôtre.

MORINZER.

Il faut en convenir, je suis bien malheureux !
Je viens ici pour perdre l'inhumaine,
Pour la réduire à cet état affreux
Où d'un homme irrité me réduisit la haîne.
Je passe les monts & les mers,
Je viens du bout de l'Univers
Dans le dessein de ruiner l'ingrate,
Mon honneur, mon bon droit, tout le veut, tout m'en flatte
De ce qui fût à moi la cruelle jouit,
Je la déteste, je l'abhorre ;
Je veux la voir, je la vois, je l'adore,
Et mon projet s'évanouit.

Savez-vous qui je ſuis, femme injuſte & barbare ?
Soupçonnez-vous le ſort qu'un ſeul mot vous prépare ?
Je ſuis ce malheureux, ce fou ſi déteſté,
Que le pere le plus ſévère,
Dans le tranſport de ſa colère,
Autrefois a déshérité,
Que l'on crut mort, qui vit pour vous déplaire,
Pour vous aimer malgré votre inhumanité....
Je ſuis d'Eſtelan.

LA COMTESSE.

Vous !

D'ESTELAN.

Moi-même.

LA COMTESSE, *tombant dans un fauteuil.*

Ah ! Montalais !... Je me meurs !

D'ESTELAN.

Malheureux !
Belle Sancerre !... Et c'eſt moi ; moi, qui l'aime...
Dieu ! c'eſt moi qui la plonge en cet état affreux !
(*Il appelle.*)
Au ſecours. Accourez....

SCENE VIII.

LA MARQUISE, LA COMTESSE D'ESTELA N M. DE PIENNE.

D'ESTELAN, *à la Marquise.*

EH! venez donc, Madame.

LA MARQUISE.

Quel bruit? Quels cris?

M. DE PIENNE.

O Ciel!

D'ESTELAN.

Je conviens de mon tort;
Je suis trop vif.... J'ai dit dans mon premier transport....
Mais pourquoi refuser aussi d'être ma femme?

LA MARQUISE.

Quoi, c'est là le sujet?... Votre brutalité....

LA COMTESSE.

Ah, mon amie!

D'ESTELAN

Adorable Sancerre,
Oubliez ma vivacité;
Votre chagrin me désespere.
(*A la Marquise.*)
Obtenez mon pardon..... Madame, en vérité,

Dir

J'étois troublé par la colere.

(*A M. de Pienne.*)

Monsieur, priez pour moi..... j'aime, je suis jaloux;
J'ai peut-être un rival, un rival redoutable.....
Ah! vous devez m'excuser tous.
Je suis trop amoureux pour être raisonnable.

LA MARQUISE.

La folie est un mal qui doit se pardonner.
Cela peut arriver à la meilleure tête.
Monsieur, on peut déraisonner,
Mais il faut au moins être honnête.

D'ESTELAN.

Eh, ventre bleu!

M. DE PIENNES.

N'oubliez pas, Monsieur,
Que vous êtes avec des femmes.

D'ESTELAN.

Je respecte beaucoup ces Dames;
J'en aime une de tout mon cœur,
Et quoiqu'on soit, Monsieur, d'une rudesse extrême;
N'oubliez pas, tout le premier,
Que quoique marin & grossier,
Je ne puis pas vouloir offenser ce que j'aime.

M. DE PIENNE.

Je le veux croire, mais enfin.....

LA COMTESSE.

Si vous saviez.....

D'ESTELAN.

Laissons-là mes fureurs, & mon extravagance;

Que mes tranſports jaloux ſoient par vous oubliés.
J'ai, je vous le repete, une fortune immenſe ;
Et je viens la mettre à vos pieds.

LA COMTESSE.

Ah, je vous crois, Monſieur, des biens conſidérables,
Et vous pouvez encor les augmenter.
Oui, je vais, dès ce ſoir.....

D'ESTELAN.

Et veuillez m'écouter !
Sans vous, qu'ont-ils ces biens pour être deſirables ?

LA MARQUISE.

Quelle eſt donc cette énigme ?

M. DE PIENNE.

A quoi tend ce diſcours ?

LA COMTESSE.

Monſieur eſt.....

D'ESTELAN.

Non, Madame, & pourquoi leur apprendre ?
Je ne ſuis rien.... Je n'ai d'autre droit qu'un cœur tendre,
Qu'un cœur brûlant des plus vives amours......
Acceptez-le, par grace.....

LA MARQUISE.

Il a perdu la tête.

DE PIENNES.

Mais, Monſieur, vous vous égarez.....

LA COMTESSE.

Ah ! ſouffrez que je vous arrête,

Et de Monſieur, quand vous le connoîtrez,
Ainſi que moi, vous jugerez:
Il n'eſt point de cœur plus honnête.
Monſieur eſt d'Eſtelan, mon couſin.....

M. DE PIENNE.

Lui?

LA MARQUISE.

Qui, lui?
Comment, il n'eſt pas mort!

D'ESTELAN.

Non, & pour tout vous dire,
Je revenois faire valoir ici
Un droit inconteſtable, & qu'on n'a pu proſcrire.
Je fus jadis un fou..... L'on peut l'être à vingt ans.
Pour une eſclave de mon pere
Je brûlai d'une ardeur legere.
La raiſon l'éteignit plus encor que le tems:
Mon pere, mal inſtruit ſans doute,
(*A la Comteſſe*)
M'exhéréda..... Mon bien enrichit la vertu,
Et la beauté, puiſque vous l'avez eû:
J'y gagne plus qu'il ne m'en coûte,
Mais jamais cet hymen, il eſt vrai, réſolu,
Qui d'un pere abuſé m'attira la colere;
Ce projet fou, d'un âge téméraire,
Ce vil hymen ne fut jamais conclu;
Et je venois pour rendre la juſtice
A mon bon droit, à l'équité propice,
Pour qu'on annulle un teſtament,
Qui, s'il ne me ruine, au moins me deshonnore.

Mais je la vois, mais je l'adore,
Et bannis tout ressentiment....
Loin de vouloir lui ravir sa fortune,
Et ma vie & mes biens, je lui viens tout offrir.
Notre félicité commune,
L'équité, mon amour, tout doit nous réunir.
Mes amis, je vous en conjure,
Secondez-moi, tâchons de la fléchir.
Par une agréable imposture
Je ne sais point embellir mes discours.
Mon langage, mon cœur, mon esprit, mes amours
Sont sans apprêts, ainsi que la nature:
Mais mon langage est celui d'un bon cœur,
Mais ce cœur aime avec idolâtrie;
Et s'il faut perdre, hélas, l'espérance chérie
D'être un jour son époux, de faire son bonheur,
Soyez assez humains pour m'arracher la vie!

LA MARQUISE.

Mais, s'il étoit moins brusque, il est intéressant.

LA COMTESSE.

Ah, Monsieur! comment reconnoître
Un procédé si noble & si touchant?
Après les sentimens que vous faites paroître,
Lorsque vous inspirez un intérêt si grand,
Faut-il, hélas, pour me confondre
Que mon cœur soit contraint, ...

LA MARQUISE.

Laissez, je vais répondre.
Vous êtes fort émue, & je suis de sang froid;
Je vais discuter votre droit.

D'ESTELAN.

Et quel droit, s'il vous plaît?

LA MARQUISE

Mais celui qui subsiste:

Le testament.

D'ESTELAN.

Abus.

LA COMTESSE.

Monsieur, je me désiste
De tout droit à vos biens. L'acte fut-il meilleur,
Eussiez-vous encor plus mérité la colere,
Et la punition sévere
De votre pere & de mon bienfaiteur.....
Vos titres sont incontestables,
Et des miens contre vous je ne veux point m'armer.
Plus les biens sont considérables,
Plus vous devez les réclâmer;
Et moins je dois les garder davantage;
Ils sont à vous, rentrez dans tous vos droits.
L'exacte probité ne connoît point de loix
Qui puisse autoriser le vol d'un héritage.

LA MARQUISE.

Que faites vous?

D'ESTELAN.

Comment?

LA COMTESSE.

Ecoutez-moi, Monsieur.
Quant à l'hymen que vous avez en vue,
De tous les biens que je vous restitue,

Il ne me reste que mon cœur;
Souffrez que j'en sois la maîtresse.
Je sens, ainsi que je le dois,
L'honneur que me fait votre choix,
Mais commande-t-on la tendresse ?
Plus vous m'aimez, plus je dois de retour
Au sentiment qui vous anime.
Je ne puis vous offrir que la plus tendre estime,
Et l'estime est trop peu pour payer tant d'amour.
Reprenez tous vos biens. Au bonheur de ma vie
Ils ne contribueroient que médiocrement :
Que l'amitié soit le seul sentiment
Qui pour jamais l'un à l'autre nous lie !
Est-ce un si grand effort ? Vous m'aimiez comme amant,
Aimez-moi comme votre amie.

D'ESTELAN.

Et vous me regardez, cruelle !.... Et vous parlez
Et votre voix enchanteresse
Dans ce cœur que vous désolez,
Par les plus doux accens, ajoute à mon yvresse;
Et tout en vous, tout est fait pour charmer.
Les graces, la beauté, l'esprit, le caractere ;
Vous unissez tout ce qu'il faut pour plaire,
Et vous voulez que je cesse d'aimer !
Point d'amitié ! Non, mon ame brûlante
Ne peut se contenter d'un sentiment si froid.
A de l'amour c'est de l'amour qu'on doit :
Soyez ma femme, mon amante,
Et que rien que la mort ne brise nos liens.
Moi, j'irois reprendre vos biens !
Je ne suis que trop riche, & cela m'importune.

Que me feroit, fans vous, la plus haute fortune ?
C'eſt vous ſeule, c'eſt vous que je veux ; oui, vous, vous.
Je veux que vous ſoyez ma femme ;
Et, malgré vous ; oui, malgré vous, Madame ;
Il faut que je ſois votre époux.

LA MARQUISE.

Il eſt fort, celui-là !

M. DE PIENNE

Que pouvez-vous prétendre ?
Eh, quels ſeront vos droits, quand Madame conſent
A renoncer pour vous au teſtament ?

LA COMTESSE.

Oui, Monſieur, dès ce ſoir je ſaurai tout vous rendre.

D'ESTELAN.

Et moi, Madame ; & moi, je ne veux rien reprendre ;
Je veux plaider.

LA COMTESSE.

Plaider ! Vous, Monſieur ? Et pourquoi ?
Je rends tout.

D'ESTELAN.

Il m'importe, & je veux plaider, moi,
Nous plaiderons.

LA MARQUISE.

Si j'étois à ſa place
Je ne vous ferois point de grace,
Homme groſſier, homme entêté !
Vous plaidez par malice ; & craintive, elle n'oſe.... ;
Elle a bon droit & gain de cauſe.
Déshérité !..... Cent fois déshérité.

LA COMTESSE.

Et laiſſez donc.

D'ESTELAN.

Non, non, qu'elle pourſuive,
Contre votre beauté, contre ce ton ſi doux,
Qui me déſarme & me captive;
Ses injures & ſon courroux
Mieux que mon cœur me ſervent contre vous.
Adieu; ſi du procès l'iſſue eſt incertaine;
Si je le perds, du moins, j'aurai ſu me venger.
Vous êtes cruelle, inhumaine;
Mon cœur de vos liens ne peut ſe dégager.
Un procès vous fait de la peine;
Et moi, je veux plaider pour vous faire enrager.

(*Il ſort.*)

SCENE IX.

LA MARQUISE, LA COMTESSE, M. DE PIENNE.

LA COMTESSE.

EH ! Monſieur, arrêtez...

LA MARQUISE.

Monſieur !

M. DE PIENNE.

Il prend la fuite.

Moitié tendre, moitié brutal;
Cet homme eſt bien original !

LA MARQUISE.

Je croyois m'amuſer un peu de la viſite;
Il m'a prouvé que croyois fort mal.

LA COMTESSE.

A Montalais en mariage,
Je croyois apporter un immenſe héritage;
Je m'en flattois juſqu'à ce jour.
Mes biens ſur ſa Maiſon, non moins pauvre qu'illuſtre,
Alloient répandre un nouveau luſtre;
Et je n'ai plus pour dot que le plus tendre amour !

LA MARQUISE.

Eh ! que faut-il de plus à ſa tendreſſe extrême ?

M. DE PIENNE.

M. DE PIENNE.

Quel bien plus précieux est-il pour un amant?

LA COMTESSE.

Ah! renonce-t-on aisément
Au plaisir, au bonheur d'enrichir ce qu'on aime?

LA MARQUISE.

J'entends du bruit.

LA COMTESSE.

C'est lui, je le sens à mon cœur.

M. DE PIENNE.

Madame, c'est lui-même.

LA COMTESSE.

Ah! que va-t-il apprendre?
Quelle nouvelle!

M. DE PIENNE.

Il aime avec ardeur.
Ses biens sont votre amour, sa richesse est l'honneur.
Ce coup n'a rien qui puisse le surprendre.

SCENE X.

LA MARQUISE, MONTALAIS, LA COMTESSE.

LA COMTESSE.

CHER Montalais!

MONTALAIS.

Enfin, je vous revois!
Après trois mois d'une pénible attente;
Ce jour heureux me rend tout à la fois
Et mes amis, & mon amante.....
Mais quels tristes regards, & quel sombre maintien!
Sur quel sujet rouloit votre entretien?
Vous est-il arrivé quelque accident funeste?
Vous ne me dites rien.

LA COMTESSE.

Hélas!

LA MARQUISE.

Ah, Montalais!

M. DE PIENNE.

Nous ne sommes pas gais.

MONTALAIS.

Cela se voit de reste.
Est-ce parce qu'on juge aujourd'hui mon procès?

LA MARQUISE.

Nous étions tous d'une gaîté charmante!

J'ai bien ri ce matin, & nous pleurons ce soir.

MONTALAIS.

Vous m'effrayez!

LA COMTESSE.

Je viens de recevoir
Une visite à coup sûr étonnante.

MONTALAIS.

Et de qui donc?

LA MARQUISE.

D'un fou.

MONTALAIS.

Quel est-il?

LA COMTESSE.

Mon cousin.

MONTALAIS.

Et lequel!

M. DE PIENNE.

D'Estelan.

MONTALAIS.

D'Estelan!

LA COMTESSE.

Oui, lui-même.

LA MARQUISE.

Il reclame ses biens.

LA COMTESSE.

Il a des droits.

M. DE PIENNE.

Il l'aime.

LA COMTESSE.

Le testament est nul.

LA MARQUISE.

Plein d'une ardeur extrême

Il offre, avec ſon cœur, ſa fortune & ſa main.

M. DE PIENNE.

Il s'obſtine à ne rien reprendre.

LA COMTESSE.

Je ne veux point plaider, je veux....

MONTALAIS.

Il faut tout rendre.

LA COMTESSE.

Ah! Montalais, c'eſt mon deſſein,
Mais, en rendant un ſi riche héritage,
La pauvreté devient mon ſeul partage,
Et l'hymen fortuné dont mon cœur ce matin
Se formoit la plus douce image.....

MONTALAIS.

Et cet hymen comblera tous nos vœux.
O mon amie! un peu moins de richeſſe,
Et toujours la même tendreſſe;
Nous n'en ſerons que plus heureux.
Avec de ſi grands biens jouit-on de ſoi-même?
Peut-on jouir de ce qu'on aime?
L'Ambition, ce Démon de la Cour,
Emporte lui ſeul des années.
En cent projets, formés & détruits tour-à-tour,
Combien ſe perdent de journées!
Les heures, malgré nous, s'envolent ſans retour
Par de vains plaiſirs entraînées;
Il reſte à peine un moment pour l'amour.
J'acceptois les bienfaits d'une main auſſi chère,
Je les acceptois ſans rougir;
L'amour ennoblit tout quand l'amour eſt ſincère;

Et c'est à moi maintenant de jouir
Du plaisir qu'espéroit Sancerre,
Et du bonheur qu'on vient de lui ravir.
Oui, chère amante, aimable & tendre amie,
Le peu que j'ai, mon amour & ma vie,
Jouissez-en comme de vos bienfaits;
Tout est à vous. Si ma tendresse,
Si les soins, si le cœur de l'heureux Montalais
Peuvent vous tenir lieu d'une immense richesse,
Je ne craindrai de vous ni plaintes, ni regrets.

LA COMTESSE.

Ah! vous aviez raison, de Vienne!...
J'accepte tout.... Je te donne ma foi,
Je reçois à jamais la tienne.
Ton cœur est le seul bien, le seul qui m'appartienne,
Et ta tendresse est tout pour moi.
Mais, Montalais, voici l'heure fatale....

MONTALAIS.

Nous allons nous rendre au Palais.

LA COMTESSE.

Rien n'est plus incertain que le sort d'un procès.
Votre fortune en dépend.... Rien n'égale
Mon effroi, ma perplexité.

MONTALAIS.

Mal à propos votre esprit se tourmente;
Mon Avocat dit ma cause excellente;
J'attends l'évènement avec tranquillité.
Venez me voir juger.

LA COMTESSE.

Non; je suis trop tremblante.

MONTALAIS.

Moi j'ai d'heureux pressentimens.

LA COMTESSE.

Permettez qu'ici je demeure.
Allez, ne perdez point de tems.....
Je saurai mon sort dans une heure.
(*A la Marquise.*)
Allez-vous au Palais ?

LA MARQUISE.

Non, je reste avec vous.
Je suis femme, sans doute, & des plus curieuses,
J'aime à pouvoir porter des nouvelles heureuses,
Mais je vous immole mes goûts.

LA COMTESSE.

Je vous en remercie... Allez... Je vais écrire
A ce fou qui, dans son délire,
S'obstine à refuser son bien ;
Qui veut plaider, quoi qu'on puisse lui dire,
Ou s'unir avec moi d'un éternel lien.
Oui, je vais profiter du tems de votre absence,
S'il daigne m'accorder un moment d'entretien,
Pour le dissuader de son extravagance.
(*A Montalais.*)
De la fortune, hélas ! je n'exige plus rien ;
Je partage la tienne, & le Ciel équitable
Va t'assurer un bien qui suffit à tous deux.
Si d'une tendre Amante il écoute les vœux,
L'évènement te sera favorable ;
Le triomphe t'attend, & nous sommes heureux.

Fin du second Acte.

ACTE III.

SCENE PREMIERE.

LA COMTESSE, ST-GERMAIN.

SAINT-GERMAIN.

OUI, Madame, à l'instant il doit ici se rendre.
Votre billet l'a, dit-il, enchanté.
Il n'est plus en colère, il me l'a répété,
Madame, en me forçant de prendre
Des gages évidens de générosité.

LA COMTESSE.

Retirez-vous, je vais l'attendre.

(*Il sort*).

SCENE II.

LA COMTESSE, *seule*.

POUR la dernière fois parlons à d'Estelan ;
C'est la Marquise qui l'irrite.
En le contrariant elle aigrit, elle excite

Un cœur né vif, & d'ailleurs excellent.
Seule sur son esprit j'aurai bien plus d'empire,
Il ne pourra me résister.
La douceur seule peut séduire
Un caractère ardent, prompt à se révolter.
Il ignore que l'hymenée
Doit avec Montalais unir ma destinée,
Il me croit libre; eh bien, prolongeons son erreur.
S'il faut qu'un jour la vérité l'éclaire,
Ah, que ce soit du moins sans faire son malheur!
Qu'il ne pénètre enfin ce douloureux mystère
Qu'après avoir triomphé de son cœur.
J'éprouve, par le mien, quelle peine cruelle
Doit ressentir un cœur tendre & fidele
Qui perd & pour jamais l'objet de son amour.....
Ah, Montalais! peut-être à l'instant même
Quand tu m'adores, quand je t'aime,
On nous sépare sans retour!
Le gain de ton procès décide ta fortune.
Et..... mais chassons une idée importune
Qui me poursuit & qui fait mon tourment...
De mes yeux, malgré moi, je sens couler des larmes;
Je réfléchis, mais vainement.
Que la raison a de fragiles armes,
Et qu'il est mal aisé de vaincre ses allarmes,
Lorsqu'on tremble pour son Amant!
On vient, c'est d'Estelan..... Renfermons en moi-même
Et mes chagrins & mon désordre extrême.

SCENE III.

D'ESTELAN, LA COMTESSE.

D'ESTELAN.

ME voilà... Grâce au Ciel, nous ferons sans témoins!
Je hais bien fort votre insigne rieuse,
Et votre grand Monsieur...... Sa mine sérieuse
Me glace & me déplaît..... Si je vous aimois moins
Je ferois bien honteux de la sotte colère
Que j'ai fait voir tantôt en vous quittant.
Je me suis comporté vraiment comme un enfant;
Mais ce n'est pas ma faute..... Un maudit caractère,
Un vice d'éducation.....
Grace, clémence, adorable Sancerre!
J'aime, & c'est bien assez pour ma punition.
Les fautes de l'amour aisément se pardonnent;
Il n'a pas les yeux bien ouverts,
Il nous mène tout de travers;
Et les passions déraisonnent.

LA COMTESSE.

Je ne me souviens plus de rien:
Quand votre faute est par vous reconnue;
Je l'oublie, & n'ai d'autre vue
En obtenant de vous cet entretien,
Que d'éclaircir vos doutes sur un bien
Que l'équité veut que je restitue.

D'ESTELAN.

Eh quoi? Toujours me parler de cela!

Au diable le ſot héritage.
Parlons de mon amour, de mes offres..... Voilà
Ce qui me touche davantage.

LA COMTESSE.

Promettez-moi de m'écoûter
Sans vivacité, ſans colère.

D'ESTELAN.

Oui, oui, je me corrige, & mon ſang ſe tempere,
Je vous promets de ne pas m'emporter.

LA COMTESSE.

Tout Paris eſt inſtruit d'où me vient ma fortune.
Vous méritez, à ce qu'on croit, le ſort
Que vous fit éprouver votre pere à ſa mort.
Telle eſt l'opinion commune.
On apprendra bien-tôt que, ſans nul fondement,
On vous traita comme un coupable.
La vérité perce mal aiſément,
Mais elle n'a beſoin que d'un jour favorable,
Et ſon triomphe en eſt plus éclatant.
Plus le Public aujourd'hui vous accable,
Plus il ſera pour vous dans un moment.
Je n'aurai plus en lui qu'un juge inexorable;
Peut-être même il me croira capable
D'avoir dicté le teſtament.
Le monde ne peut ſe réſoudre
A ne porter qu'un jugement certain;
Il veut des preuves pour abſoudre,
Il condamne ſans examen.
S'il faut que de nos cris le barreau retentiſſe,
Quel champ pour la malignité!
On dira que je veux employer la juſtice
A conſacrer l'iniquité.

Si l'hymen nous unit, on dira que certaine
De perdre un bien que la loi m'eut ôté,
J'ai, pour le conserver, sacrifié sans peine
Mon penchant & ma liberté.
Vous ignorez, Monsieur, tout ce que peut l'envie
Pour noircir la plus belle vie.
La médisance est son premier secret.
Si la vertu l'emporte, & s'il est sans effet
A son secours survient la calomnie.
On vous méprise, l'on vous hait,
Et celui qui sur vous lança le premier trait,
Est le seul qui vous justifie.
Jugez, après cela, si je dois m'exposer
A des bruits, dont envain je voudrois me défendre;
Si nous devons plaider, quand je veux tout vous rendre,
Et si je puis vous épouser.

D'ESTELAN.

Eh que vous font les propos du vulgaire?
Pour exercer sa malice ordinaire,
Viendra-t-il chez vous vous chercher?
D'ailleurs ses traits ne peuvent vous toucher:
Pour les braver, vous avez un asyle:
C'est votre conscience. On doit être tranquille
Quand un pareil témoin n'a rien à reprocher.
Mais, malgré les détours que vous prenez, Madame;
Je pénétre, je lis jusqu'au fond de votre ame.
Vous êtes généreuse, & vous avez pitié
D'un malheureux dont la raison s'altere;
Vous ne prétendez pas, quand je ne puis vous plaire,
Que par un dur refus je sois humilié:
Vous savez l'adoucir par tant de politesse.

Par une voix si tendre, un ton si pénétré,
Que le cœur est forcé de vous aimer, traîtresse,
Quand pour vous il est déchiré.
Je suis sans art, mais je vois votre adresse;
Et je vous en sais bien bon gré.
Il faut donc renoncer à la douce espérance
De vous voir à mon sort unir votre destin?
Je ne prétens vous faire aucune violence.....
Sans le cœur qu'est-ce que la main?
Et vous ne m'aimez pas. J'en ai la triste preuve.
Mais, n'aimez-vous personne?.... Allons, en bonne foi,
Est-il quelqu'un plus fortuné que moi?
Voulez-vous toujours rester veuve?

LA COMTESSE.

J'ignore quel destin me réserve le Ciel.
Et ce qu'en ce moment sur mon sort il prononce;
Je ne puis rien répondre de formel:
Peut-être pour jamais il faut que je renonce
Aux doux plaisirs d'un amour mutuel......
Voilà dans cet instant ce que mon cœur m'annonce,
Et mon veuvage est peut-être éternel.

D'ESTELAN.

Tant mieux! si ne pas plaire est un chagrin sensible,
Si de votre froideur je suis désespéré:
Mon mal seroit encor mille fois plus horrible
Si quelqu'un m'étoit préféré.
Me voilà plus tranquile!.... Ainsi, sur l'héritage,
Vos scrupules hors de saison....

LA COMTESSE.

Voici le testament, les papiers.....

D'ESTELAN.

A quoi bon?

LA COMTESSE.

Je ne puis plus les garder davantage.

D'ESTELAN.

Je n'en veux point, vous dis-je; & je suis riche assez.
C'est en vain que vous me pressez.

LA COMTESSE.

Prenez, Monsieur; prenez, je suis inébranlable.

D'ESTELAN.

Mais réfléchissez donc, ô femme inconcevable!
Vous n'aviez rien, & je dois le savoir,
Quand Monsieur d'Estelan vous fit son héritiere;
Sa fortune est tout votre espoir:
Que vous restera-t-il en la perdant entiere?

LA COMTESSE.

L'honneur d'avoir fait mon devoir.

D'ESTELAN.

Qui que tu sois.... Ange.... Génie....
Car tant de grandeur d'ame, & tant de loyauté
Ne sont pas d'un mortel, tes vertus t'ont trahie.....
Tu n'as rien de l'humanité
Que la forme & que la beauté.
Qui que tu sois, je t'en supplie,
Laisses-moi t'adorer, laisses-moi t'enrichir.
Reprens tous ces papiers, dont l'aspect m'importune;
Il n'appartient qu'à toi d'honorer la fortune,
Si la vertu peut l'ennoblir.
Reprens....

SCENE IV.

LA COMTESSE D'ESTELAN,
LA MARQUISE.

LA MARQUISE, *entrant étourdiment.*

Est-il parti?

D'ESTELAN.

Non, pas encor, Madame.

LA MARQUISE.

Et voulez-vous toujours épouser ou plaider?

D'ESTELAN.

La chose en rien ne doit vous regarder.
Ce n'est pas vous que je voulois pour femme,
Le Ciel d'un tel malheur m'a bien voulu garder.

LA MARQUISE.

Qu'il est galant!

D'ESTELAN.

Je suis vrai.

LA COMTESSE.

J'ai la gloire
D'avoir changé Monsieur. J'ai sû le disposer....

D'ESTELAN.

La raison sur l'amour remporte la victoire.
Je ne m'obstine plus à vouloir l'épouser.
Je suis bouillant, je suis colère,

Mais après tout, quand je ne sais pas plaire
Je ne sais pas tyranniser.

LA MARQUISE.

C'est pour moi seule, au moins qu'il n'est jamais aimable.
Je suis charmée au fond de vous voir raisonnable.
Mais comment vouliez-vous qu'elle pût vous aimer?
Est-ce au moment qu'un heureux hyménée
Doit avec Montalais unir sa destinée,
Que vous pouviez prétendre à l'enflammer?

D'ESTELAN.

Quoi?

LA COMTESSE.

Juste Ciel!... Marquise....

LA MARQUISE.

Elle a dû vous le dire.
Oui, Montalais est un homme charmant.

D'ESTELAN.

Elle l'aime?

LA COMTESSE.

Arrêtez.... je souffre le martyre.

LA MARQUISE.

Vous savez bien que pour elle il soupire
Depuis six ans... Oui, Monsieur, constamment.

D'ESTELAN.

Quoi! vous aimez?

LA MARQUISE.

Ce n'est pas un mystère.

D'ESTELAN.

Quoi, vous vous mariez?

LA MARQUISE.

Dès demain, je l'espère.

D'ESTELAN.

Vous m'avez trompé ?... Vous !... Adieu, Madame.

(*Il sort.*)

SCENE V.

LA COMTESSE, LA MARQUISE.

LA COMTESSE.

Ah ! Ciel !
Qu'avez-vous fait ?

LA MARQUISE.

Mais, une étourderie,
Si ce que je crois est réel.
Aussi de vos desseins que n'étois-je avertie ?
C'est quelque chose de cruel,
Il est dur d'ignorer les secrets d'une amie.
On pense la servir contre un Original,
On veut bien faire & l'on fait mal.

LA COMTESSE.

Mais la discrétion étoit si naturelle !
Vous connoissez le fougueux d'Estelan,
Sa brusquerie & son sang pétillant ;
Vous ne pouvez douter que la moindre étincelle
N'enflamme un esprit si bouillant :
Comment ne pas sentir que je devois me taire
Sur mon hymen, sur le nom d'un époux ?

Aux

Aux premiers tranſports d'un jaloux,
Heureux peut-être autant que téméraire,
Ne devois-je donc pas ſouſtraire
L'objet de mes vœux les plus doux ?

LA MARQUISE.

Je reconnois ma faute, & j'en ſuis bien honteuſe.
Quoi, d'Eſtelan ?... Je ſuis bien malheureuſe.

LA COMTESSE.

Calmez-vous ; le danger peut encor s'éviter.
Sur Montalais j'ai quelque empire ;
Et quant à d'Eſtelan, le moment du délire
Eſt le ſeul avec lui qui ſoit à redouter.

LA MARQUISE.

En vérité, vous me rendez la vie.

LA COMTESSE.

Mais ils ne viennent point.... J'attends, en frémiſſant,
Un Arrêt bien intéreſſant.

LA MARQUISE.

Dans votre cour j'entends un équipage....
Et votre doute enfin va ſe voir éclairci.
Vous pâliſſez ?...

LA COMTESSE.

Moi !

LA MARQUISE.

Reprenez courage :
Le cœur me dit que tout a réuſſi.

LA COMTESSE.

Puiſſe le Ciel accomplir le préſage !
Je ne me ſoutiens plus.... Je tremble.

LA MARQUISE.

Les voici.

SCENE VI.

LA COMTESSE, MONTALAIS, LA MARQUISE, M. DE PIENNE.

LA MARQUISE.

EH bien ?

LA COMTESSE.

Ciel ! vous avez perdu votre cause !

MONTALAIS.

Oui.

LA MARQUISE.

On vous condamne ?

M. DE PIENNE.

Il n'est plus d'espérance.
Dépens, dommages, intérêts ;
Il perd tout avec son procès.

LA MARQUISE.

C'est une iniquité, c'est une préférence.

MONTALAIS.

Mes Juges ont raison & j'étois abusé.
De l'examen des faits je m'étois reposé
Sur un homme que l'apparence
A sans doute séduit plus que l'appas du gain.
Je regardois mon droit comme certain,
J'agissois avec confiance ;
Mais au simple exposé, dès le premier rapport,

J'ai de mes foibles droits senti l'insuffisance ;
J'ai prévu quel seroit mon sort,
Et me suis prononcé moi-même ma Sentence.
Je sens combien le coup est accablant,
Et ne me vante point du fastueux courage
De voir mon sort d'un œil indifférent.
Mon malheur est d'autant plus grand
Qu'une autre avec moi le partage.
O ! ma plus tendre amie ! Est-ce-là le destin,
Est-ce-là le bonheur dont encor ce matin
Nos yeux entrevoyoient la séduisante image ?
Tout a changé pour nous dans l'espace d'un jour,
Et contre un si terrible orage
Nous ne pouvons opposer que l'amour.
Vous ne me dites rien ! quel silence funeste !
Ah ! je n'ai rien perdu si votre cœur me reste....
Sancerre !... Eh quoi, loin de me consoler,
Vous détournez la vue, & craignez de parler ?

LA COMTESSE.

Ah ! Montalais !

MONTALAIS.

Eh bien ?

LA COMTESSE, *à part.*

Quel sacrifice !
Il est affreux ; il faut qu'il s'accomplisse.

MONTALAIS.

Qu'avez-vous donc ; & d'où vient qu'aujourd'hui ?...

LA COMTESSE.

Vous allez tout savoir.

MONTALAIS.

Quoi donc ?

LA COMTESSE.

Monſieur de Pienne
Et vous, Marquiſe, un moment avec lui
Permettez que je m'entretienne.

LA MARQUISE.

Très-volontiers; mais qu'il me ſoit permis
De vous bien rappeller, à l'un ainſi qu'à l'autre,
Que, quel que ſoit ſon malheur & le vôtre,
Vous avez encor des amis.

LA COMTESSE.

Voilà mon ſeul eſpoir.

M. DE PIENNE.

Que voulez-vous lui dire?
Quel eſt votre deſſein?

LA COMTESSE.

Vous le ſaurez bientôt.

M. DE PIENNE.

Vous m'effrayez, Madame, il faut...

LA COMTESSE.

Ah! cher Comte!

M. DE PIENNE.

Je me retire.

(*Il ſort avec la Marquiſe.*)

SCENE VII.

LA COMTESSE, MONTALAIS.

MONTALAIS.

JE vous regarde & je frémis.....
Sancerre, qu'allez-vous m'apprendre?
D'un froid mortel tous mes ſens ſont ſaiſis....
Pour la premiere fois je crains de vous entendre.

LA COMTESSE.

Oppoſe à nos malheurs un cœur plus affermi.
Tu m'es bien cher!... Ah! Montalais! mon âme
Ne le ſentit jamais comme aujourd'hui.
Dans ce cœur malheureux rien n'éteindra la flâme
Dont l'embrâſa pour toi le Ciel qui t'a trahi.
Juſqu'au dernier ſoupir je te ſerai fidelle;
Je vivrai pour toi ſeul, & t'en donnes ma foi;
Mais il faut renoncer à moi.

MONTALAIS.

Sancerre!

LA COMTESSE.

Il faut briſer la chaîne la plus belle;
Et pour jamais nous ſéparer.
Plains moi du ſort affreux où je ſuis condamnée;
Mais ne prétendons plus à l'heureux hymenée
Que le plus tendre amour m'avoit fait eſpérer.
Je vais enſevelir au fond d'une retraite
Ma douleur, les combats qu'il faudra ſoutenir;
Je vais ne m'occuper que de ton ſouvenir;

De la perte que j'aurai faite,
Jusqu'à la mort je vais m'entretenir.
Un Cloître... Désormais voilà mon seul asyle.
Si je te fais heureux, j'y vivrai plus tranquile.
Tu viens de perdre tout; vis pour tout réparer;
Tu le dois, tu le peux, remplis ta destinée;
La mienne est d'être infortunée,
Et de vivre pour te pleurer.

MONTALAIS.

Est-ce un songe effrayant dont l'horreur m'environne?
C'est vous; c'est vous que mon malheur étonne...
Si quelqu'un me l'eut dit, je ne l'aurois pas cru.
Ah! malheureux! j'ai tout perdu,
Et Sancerre aussi m'abandonne!

LA COMTESSE.

Quel soupçon! Quel reproche! Ingrat, il est affreux.
Je te pardonne cet outrage;
Du désespoir c'est le langage,
Et tu serois plus juste, étant moins malheureux.
Connois le cœur de ton amante,
Ce cœur que tu viens d'outrager,
Qui t'aime, qui ne peut changer;
Qui voit ton sort sans épouvante,
Trop heureux de le partager,
S'il n'aimoit que pour lui, si sa tendresse extrême
Ne préféroit ton bonheur au sien même.
Que veux-tu faire, & quel est ton dessein?
Tu sers avec honneur, & dans ton sort funeste,
A peine il suffira de ce peu qui te reste
Pour soutenir ton rang & faire ton chemin.
A tes yeux, que l'amour fascine,

J'offre une vérité terrible ; mais enfin,
Veux-tu qu'en te donnant la main
J'aide à consommer ta ruine.
Par le retour de d'Estelan
La pauvreté devient mon seul partage ;
Irai-je en dot, & pour tout héritage,
Porter à mon époux ce funeste présent ?
Songe à ton nom, songe à mon sang,
A ce qu'exigeront de nous en mariage
Et ta naissance & notre rang ;
Et considere après si le sort qui t'opprime
De nous unir encor nous permet le bonheur.
Pour adoucir un revers plein d'horreur
Tu peux mettre à profit & la publique estime,
Et ton service & ta faveur....
Ah ! laisse-moi, dans l'ardeur qui m'anime,
Supporter seule, ami, notre commun malheur.
C'est bien assez d'une victime.

MONTALAIS.

Qui vous, cruelle ; vous m'aimez,
Et votre bouche ôse ici me prescrire
De renoncer au seul bien où j'aspire ?
Et vous m'aimez, vous m'estimez ?
Grand Dieu ! Je saurois mon amante
Plaintive, isolée & souffrante
Dans l'horreur de la pauvreté ;
Et moi, d'une âme indifférente,
Occupé de moi seul & de ma vanité,
J'irois flatter la fortune insolente ;
Solliciter près d'elle un regard de bonté,
Et mendier sa faveur inconstante,
Pour briller un moment d'un éclat emprunté ?

Non, ce n'eſt point ainſi qu'on aime,
Que j'aimerai juſqu'à la mort.
Le Ciel vous perſécute, il m'accable de même;
Heureux ou malheureux, je ſubis votre ſort;
Tous deux faiſons tête à l'orage;
Avec un même cœur, ayons même courage;
Oppoſons notre amour & ſon commun effort
Au ſort qui tous deux nous outrage...
Voilà de deux amans; oui, voilà le langage,
Lorſque l'on veut les traverſer.
Ce ſont-là les diſcours que l'amour leur inſpire;
C'eſt-là ce qu'ils doivent penſer;
Et voilà ce qu'il falloit dire.

* LA COMTESSE.

Je l'aurois dit, ingrat, ſi j'aimois foiblement,
Si je brûlois d'une flâme vulgaire.
Ce n'eſt-là que l'effort d'un amour ordinaire;
C'eſt un devoir qu'on remplit aiſément;
Mais pour l'objet d'une tendreſſe extrême,
Détruire ſon propre bonheur,
A ſa félicité ſacrifier ſon cœur,
Tout immoler pour lui juſqu'à ſon amour même;
Voilà d'une héroïque ardeur;
Voilà vraiment l'effort ſuprême;
Voilà ce que je veux, & c'eſt ainſi que j'aime.

MONTALAIS.

Quoi, vous conſentiriez?...

LA COMTESSE.

Ta gloire eſt tout pour moi.
Je veux la ſauver malgré toi,

---

*Ce qui eſt entre les deux aſtériques ne ſe dit point à la repréſentation.

Du piége dangereux que lui tend ta foiblesse.
Je te conserve ma tendresse,
Et je te rends & ta main & ta foi ;
Mais de tes sentimens j'exige un dernier gage,
Et mon estime est à ce prix.
De ma fortune accepte les débris ;
Joints au reste de ton naufrage,
Ils pourront aider ton courage
A triompher des destins ennemis.
Si tu m'aimas jamais ; si tu m'aimes encore,
Pourras-tu refuser à ce cœur qui t'adore,
Que ton malheur au moins soit allégé par lui ;
C'est une grace que j'implore ;
S'il faut te l'ordonner, je le veux, obéi.

SCENE VIII.

LA COMTESSE, MONTALAIS, D'ESTELAN, LA MARQUISE, M. DE PIENNE.

D'ESTELAN, *à la Marquise & à M. de Pienne, qui veulent l'empêcher d'entrer.*

POURQUOI voulez-vous m'interdire
L'accès de cet appartement ?
Je veux la voir, lui parler.....

M. DE PIENNE.

Un moment.

D'ESTELAN.

Il faut que je la voie à présent.

LA MARQUISE.

Quel délire !

D'ESTELAN.

Je la verrai, vous dis-je... A la fin, m'y voici.
Parbleu, Madame, on a bien de la peine....
Ah ! vous n'êtes pas ſeule ici ?
Quel eſt ce Monſieur-là ? ... Montalais ? Oui, c'eſt lui.
Bon jour, Monſieur. Je ſais quel ſujet vous amene,
Vous aimez ma Couſine... Et moi, je l'aime auſſi ;
Mais elle ne me voit qu'avec indifférence ;
Et vous êtes aimé... C'eſt fort bien fait à vous.
Malgré tout mon amour, malgré ſa violence,
Vous allez donc enfin devenir ſon époux !

MONTALAIS.

Son époux !... Ah !

D'ESTELAN.

Quoi vous verſez des larmes ?
Je ne viens point ici pour vous donner d'allarmes...
Et vous auſſi... Vous pleurez... Et pourquoi !

LA COMTESSE.

Que voulez-vous ſavoir ?

D'ESTELAN.

Son chagrin & le vôtre.
Dites-m'en le ſujet : vîte, dites-le-moi.
Pourquoi pleurez-vous l'un & l'autre ?
Eſt-ce encor moi ?... Je ſuis bien malheureux !
Me faites-vous un crime, hélas ! de ma foibleſſe ?
Je ne viens point troubler votre tendreſſe.
L'hymen va vous unir tous deux...
Et moi je pars, je quitte à jamais la contrée
Qui, pour mon déſeſpoir, à moi vous a montrée.
Je vais mettre entre nous l'immenſité des mers...

Puisse votre image adorée
Cesser de tourmenter mon ame déchirée,
Et ne pas me poursuivre au bout de l'Univers !
Vous, heureux l'un par l'autre...

MONTALAIS.

Ah ! jamais l'hyménée
Ne joindra notre destinée !
Du sort le plus affreux j'éprouve tous les coups...
Je suis, Monsieur, plus malheureux que vous.

D'ESTELAN.

Je ne vous comprends point.

MONTALAIS.

Elle renonce au monde.
Dans une obscurité profonde
L'ingrate court s'ensevelir....
Au fond d'un Cloître....

D'ESTELAN.

Vous !

LA MARQUISE.

O ma chère Sancerre !

D'ESTELAN.

Expliquez-moi donc ce mystère.

M. DE PIENNE.

Sancerre, vous voulez nous fuir ?
De son procès perdu vous voulez le punir ?

MONTALAIS.

Tout à la fois généreuse & cruelle,
Elle veut s'immoler, dit-elle, à mon bonheur.
Elle me rend ma liberté, mon cœur,
Et m'ordonne d'aller loin d'elle
M'appuyer des secours d'une foible faveur,

Pour rappeller à moi la fortune infidelle.

LA COMTESSE.

Vous le devez & je le veux ;
Soumettons-nous au ſort qui nous ſépare.

D'ESTELAN.

Et c'eſt moi, juſte Ciel, qui les rend malheureux !
Moi, je ſerois aſſez barbare
Pour déſunir deux cœurs ſi généreux !
Vous allez le quitter ? Vous voulez qu'il renonce
Au bonheur d'être votre époux ?
Vous voulez donc ſa mort ? Dites, la voulez-vous ?
C'en eſt l'arrêt qu'ici votre bouche prononce.
Si je ne puis oublier vos attraits,
Lorſque pour moi vous êtes inflexible,
Lui qui, bleſſé des mêmes traits,
A réuſſi du moins à vous rendre ſenſible,
Dites-moi, pourra-t-il vous oublier jamais ?
Et vous, cruelle, oui, vous-même ;
La généroſité vous aveugle aujourd'hui.
Demain vous ſentirez, peut-être autant que lui,
Qu'il faut mourir quand on perd ce qu'on aime.
Vous l'exigez de lui, vous vous ſéparerez,
Mais vous emporterez ſon cœur, & lui le vôtre,
Et tous deux ſeront déchirés.
Après avoir vécu malheureux l'un par l'autre,
En vous aimant encor, tous deux vous périrez....
Je n'y puis conſentir : non, jamais, femme ingrate ;
Et, malgré toi, je ferai ton bonheur.
C'eſt inutilement que ton orgueil ſe flatte
De refuſer mes dons comme mon cœur.....
Le voilà, votre époux, il l'eſt, il le doit être :
Il ne vous eût pas plû, s'il n'étoit vertueux :

Vous vous convenez tous les deux.
A l'égard de vos biens, je vous ferai connoître
Que, si de beaux dehors ne parlent point pour moi,
Un cœur droit, un bon cœur est du moins mon partage.
(*Lui donnant des Papiers.*)
Tenez, prenez cela.

LA COMTESSE.

Que faites-vous ?

MONTALAIS.

Pourquoi ?...

D'ESTELAN.

Reprenez vos papiers.... Gardez votre héritage ;
Je vous le donne, & mieux que n'avoit fait la loi.
Prenez aussi cet Acte, il vous atteste
Qu'à cet héritage funeste
J'ai ce matin renoncé pour toujours.....
Il m'est affreux, je le déteste ;
Il a troublé le repos de mes jours.
J'étois heureux, vous m'étiez inconnue....
De mon bonheur il a détruit le cours,
Puisque c'est par lui seul qu'ici je vous ai vue.
Quoi ! vous baissez les yeux ! me refuseriez-vous ?

LA COMTESSE.

Ah ! Monsieur !

D'ESTELAN.

Montalais !

MONTALAIS.

Grand Dieu !

D'ESTELAN.

Femme adorable !
(*A la Marquise & à M. de Pienne.*)
Mes amis, réunissons-nous ;
Venez, embrassons ses genoux.
Obtenons d'elle un aveu favorable.

(*Se jettant aux pieds de la Comteſſe.*)
Sancerre, laiſſez-vous fléchir...

LA MARQUISE.

Cédez.

M. DE PIENNE.

Vous le devez.

LA COMTESSE.

Tant de grandeur m'accable.....
Mais accepter.....

D'ESTELAN.

Tu le peux ſans rougir.
Le plus beau droit de l'opulence,
Celui qui peut lui ſeul l'ennoblir à jamais
C'eſt le droit d'enrichir l'honorable indigence
De l'accabler de ſes bienfaits.

LA COMTESSE.

Je me rens.

D'ESTELAN, *ſautant au col de Montalais.*

Montalais!

MONTALAIS.

Ah, je vous dois la vie!
M'acquitter envers vous n'eſt plus en mon pouvoir:
Mais parmi tous les biens, que je vais vous devoir,
Son cœur, votre amitié, ſont les feuls que j'envie.

LA MARQUISE, *à d'Eſtelan en l'embraſſant.*

Monſieur, je me réconcilie
Volontiers avec votre humeur.
On peut vous pardonner un peu de bruſquerie,
On n'a point de défauts avec un ſi bon cœur.

M. DE PIENNE.

Cher Montalais!

LA COMTESSE, *à d'Eſtelan.*

Votre ame généreuſe

Lorsque par moi vous êtes offensé.....

D'ESTELAN, (*prenant Montalais par la main, & lui montrant la Comtesse*).

Mon ami, qu'elle soit heureuse,
Et je suis bien récompensé.
(*à la Comtesse*) (*à Montalais*).
Chérissez-le toujours.... Sois-lui toujours fidele.
(*Joignant la main de Montalais à celle de la Comtesse*).
Unissez-vous d'une chaîne éternelle.....
N'oubliez pas que mon cœur loin d'ici....
Adieu, mon courage me quitte;
Et, malgré moi, des pleurs.... Adieu, je prens la fuite,
N'oubliez jamais votre ami.

(*Il veut sortir*).

LA COMTESSE.

D'Estelan!

MONTALAIS.

Arrêtez.

D'ESTELAN.

Sous un autre hémisphere,
Je vais ne m'occuper qu'à vaincre mon amour.
Si je puis n'être plus que l'ami de Sancerre,
Comptez tous deux sur mon retour.
Je reviendrai jouir de ce sentiment tendre,
Que de vos cœurs j'ai le droit de prétendre....
Oui, mes amis, je reviendrai.....
Mais non, embrassez-moi.... jamais je n'éteindrai
Ce feu, dont l'ardeur me dévore;
Je l'aimerai toujours autant que je l'adore;
Et jamais, je le sens, je ne vous reverrai.

(*Il sort*).

SCENE IX & derniere.

LA COMTESSE, MONTALAIS, LA MARQUISE, M. DE PIENNE.

MONTALAIS.

COURONS chez lui. Je garde un rayon d'espérance ;
Il ne partira pas. Des peines de son cœur,
Par les plus tendres soins calmons la violence.
Tâchons de le fixer en France :
Nous lui devons notre bonheur ;
Méritons le bienfait par la reconnoissance.

Fin du troisième & dernier Acte.

J'AI lû par ordre de M. le Lieutenant-Général de Police, *Charles de Morinzer*, Comédie en trois Actes & en vers, & je n'y ai rien trouvé qui m'ait paru devoir en empêcher la représentation & l'impression. A Paris, ce 18 Avril 1777. SUARD.

Vû l'Approbation, permis de représenter & d'imprimer. A Paris, ce 5 Juillet 1777. LE NOIR.

De l'Imprimerie d'ANDRÉ-CHARLES CAILLEAU, rue Saint-Severin.

www.ingramcontent.com/pod-product-compliance
Lightning Source LLC
LaVergne TN
LVHW050540100826
845148LV00002B/624

* 9 7 8 2 0 1 2 7 2 5 3 9 3 *